昭和40年代以降に廃止・転換された路線を網羅！

国鉄・JRの 廃線アルバム

【中国・四国編】

山田 亮

JN081493

窪川で増結されるキハ20。冬の晴れた日の撮影である。左にDE10重連の貨物が停車している。
◎窪川　1975（昭和50）年12月12日　撮影：荒川好夫（RGG）

Contents

南河内付近の錦川下流の広い河川敷に架けられた第2保木川橋梁（396m）を渡るキハ26形、キハ58形の4両編成。◎御庄〜南河内　1983（昭和58）年6月5日　撮影：荒川好夫（RGG）

倉吉線（1967年）

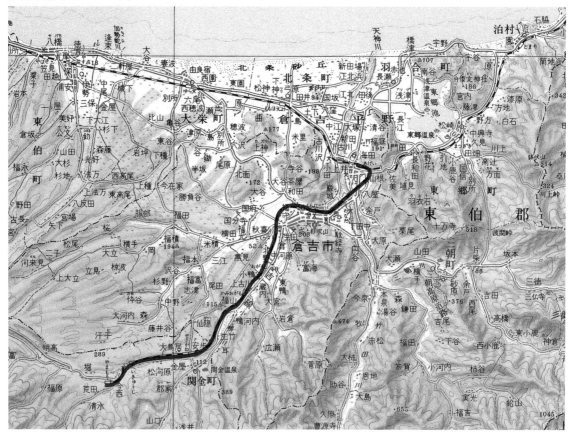

上井（現・倉吉）から分岐して倉吉中心部を通り小鴨川沿いに山守へ達している。山守から西に大山道が延び名峰大山（だいせん）に通じている。◎国土地理院発行「20万の1地形図」

大社線（1967年）

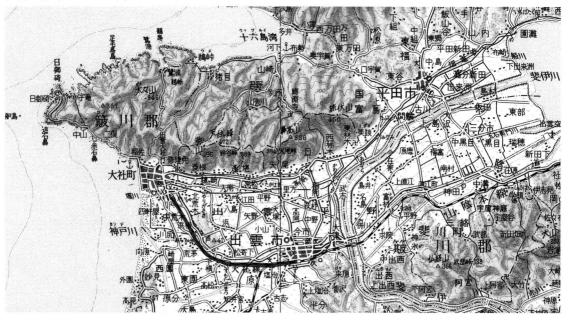

出雲市（建設時は出雲今市）から出雲平野を直進して大社に通じている。建設時は出雲大社が主目的だったことがわかる。斐伊川沿いに一畑電鉄（現・一畑電車）が敷設され、川跡で出雲大社前への支線が分岐している。
◎国土地理院発行「20万の1地形図」

岩日線（1967年）

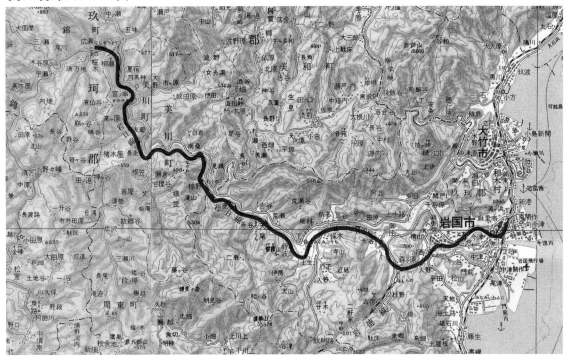

岩国から錦川沿いに錦町まで延びているが、岩国から川西の先の森ヶ原信号場までは岩徳線（旧・山陽本線）と共用している。川西から御庄までは山間部で錦川から離れている。山陽新幹線は開通前である。◎国土地理院発行「20万の1地形図」

若桜線（1967年）

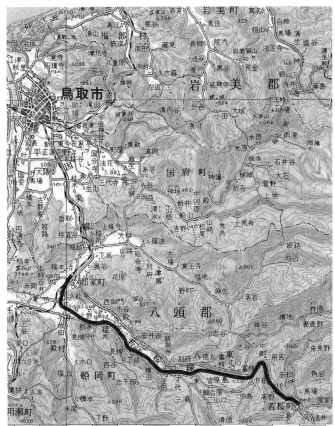

鳥取〜郡家間は因美線で千代川流域の平坦地を走る。郡家〜若桜間は八東川沿いに「若桜谷」を若桜まで延びている。それから先は戸倉峠だが急峻な地形に阻まれている。峠の向こうは兵庫県である。
◎国土地理院発行「20万の1地形図」

5

三江北線、三江南線（1967年）

両線とも江の川に沿い、川の流れに忠実に従って敷設されている。沿線の人口集積地は北線の石見川本、粕淵くらいである。
浜原～口羽間はつながっていないが、大きな集落はない。やたらと曲がりくねり陰陽連絡には不適な線形である。
◎国土地理院発行「20万の1地形図」

6

7

可部線、宇品線(1967年)

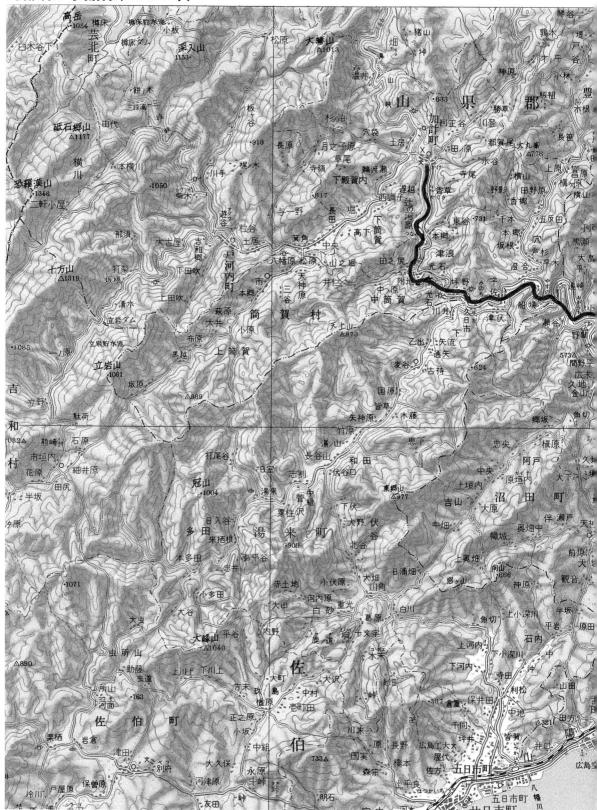

可部線の加計まで開業している時代の地図である。その先の三段峡(戸河内付近)までは未開通。可部の南、上八木付近では太田川対岸の芸備線との距離は1kmもなく「遠くて近き線路の仲」といわれる。宇品線は広島駅と港を結ぶ臨港線である。
◎国土地理院発行「20万の1地形図」

美祢線(1967年)

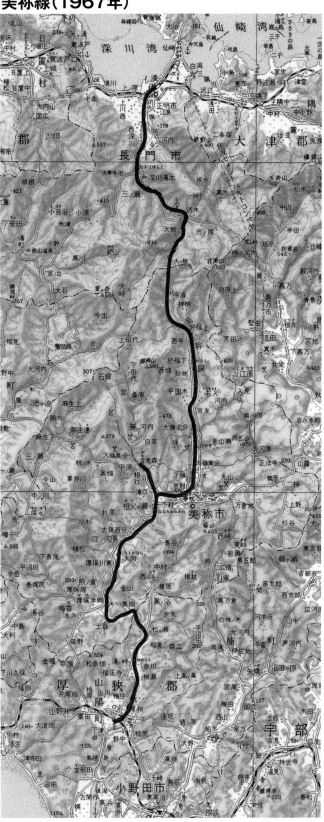

美祢線は大嶺、美祢から専用線が延びている。美祢と宇部港を直結する
宇部興産専用道路は未開通。◎国土地理院発行「20万の1地形図」

鍛冶屋原線、小松島線（1967年）

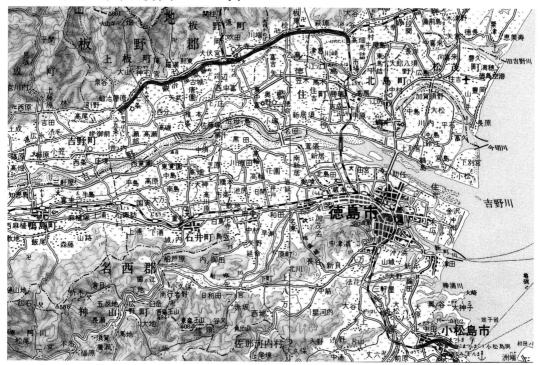

鍛冶屋原線は吉野川流域に敷設されるが、大きな集落もなくまったくの閑散線である。小松島線は小松島港への臨港線だが牟岐線南小松島も近い。吉野川河口の高徳線吉成〜佐古間には吉野川鉄橋（949m）がある。
◎国土地理院発行「20万の1地形図」

内子線（1967年）

五十崎付近の迂回した線形は新線開通時に短絡線が建設され、五十崎、内子両駅は移設された。予讃本線と内子線とは五郎で分岐しているが、駅構内ではなく伊予大洲方の鉄橋（矢落川鉄橋）の南側で分岐している。
◎国土地理院発行「20万の1地形図」

中村線（1979年）

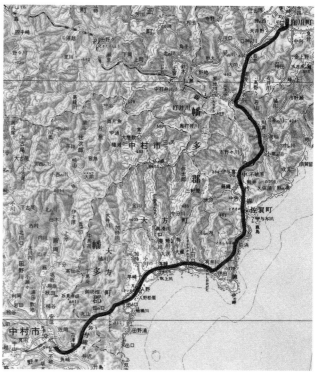

若井〜荷稲間の若井トンネルの西側にループトンネルがあり、予土線が分岐。ループ線を抜けると海に面した土佐佐賀まで一気に下る。上川口、浮鞭付近は黒潮に洗われる太平洋を間近に眺めることができる。◎国土地理院発行「20万の1地形図」

宇高航路（1967年）

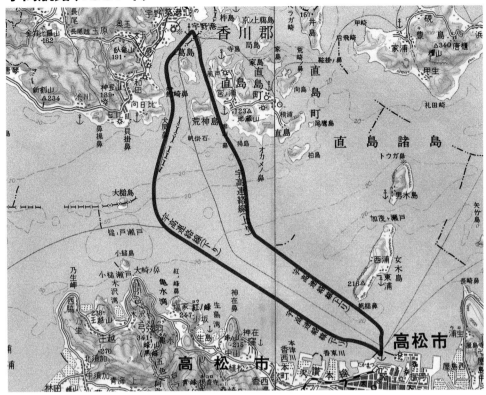

宇高航路は下りと上りで航路が異なる。下りは西寄りで児島半島寄りのルート。上りは東寄りで女木島、直島寄りのルート。島々や行き交う船舶を眺めているうちにあっという間に1時間は経ってしまう。
◎国土地理院発行「20万の1地形図」

大島航路（1967年）

大島航路は山陽本線大畠から大畠瀬戸を横断し周防大島の小松港を結ぶ。小松港からは国鉄バスが島内各地を結んでいた。隣の柳井港と松山（三津浜）を結ぶ航路も大畠瀬戸を通り、大島航路と交差していた。◎国土地理院発行「20万の1地形図」

仁堀航路（1967年）

呉線仁方をでて下蒲刈島の西側を通り、四国側の堀江へ直進するルート。航路西側に倉橋島、愛媛側の中島が眺められる。阿賀（安芸阿賀）と堀江を結ぶ航路（呉松山フェリー）も平行しているが2009年6月に廃止された。
◎国土地理院発行「20万の1地形図」

まえがき

　本書は中国・四国地方の廃線となった国鉄およびJR線を取りあげている。いずれも閑散線区で沿線に著名観光地がない。都市部を除き沿線は自然に恵まれていることも共通している。だが「自然」「美しい風景」だけではお客は呼べない。沿線の「乗って残そう」運動も過疎化には勝てず、輸送密度という冷厳な数字を突き付けられると反論はできず廃止やむなしに至ることが多かった。地元の総意で第三セクター化されても、過疎化にあらがうことは難しく、新たな付加価値が求められよう。

　中国地方には東西に山陽新幹線、山陽本線の太い流れがあり、南北には電化され特急「やくも」が走る伯備線と非電化だが特急「スーパーはくと」の走る智頭急行があるが、それ以外は津山線を除き細い流れでしかない。日本海側の山陰本線は明治時代と変わらない線形で「偉大なるローカル線」になってしまった。中国山地の山あいを縫うように走る芸備線（三次から東）、福塩線（府中から北）、姫新線、木次線も閑散線で芸備線東城～備後落合間、木次線出雲横田～備後落合間は1日3往復に過ぎない。

　2018年3月末限りで廃止された三江線の記憶は新しいが、次の廃止候補は木次線および芸備線三次～新見間、福塩線府中以北ではないかと地元は危機感を募らせる。「青春18きっぷ」期間中は「乗り鉄」が目立つが、その時期を外すとこれまでローカル線の主役といわれた高齢者や高校生の利用も少なく沿線の過疎化に直撃されている。木次線、芸備線三次～新見間などは今のうちにせいぜい乗り、写真も撮っておくべきだろう。我々にできる対策はそれくらいでしかない。これも厳しい現実なのである。

　一方、高速道路は1983年に全線開通した中国自動車道を皮切りに山陽自動車道、南北を結ぶ鳥取自動車道、米子自動車道、浜田自動車道などが次々と開通し、旧態依然のJR線など無視するかのようである。

　四国も同様だ。四国は平地が少なく山が深い。そのような地形に建設された四国の鉄道はそれだけでもハンディーが大きい。四国各県は瀬戸大橋、明石海峡大橋経由で本州と高速道路で直結され、東京へは飛行機、関西へは飛行機、高速バスが中心で鉄道の影は薄く、特急ですら乗客の減少が目立つ。四国の廃線は少ないが、第三セクター化された中村線（土佐くろしお鉄道）は沿線の過疎化問題を抱えている。特急の走る幹線ですら乗客減は深刻で、JR四国の経営難は深刻とされる。

　本書では廃止された鉄道連絡船（宇高航路、仁堀航路、大島航路）もあわせて取り上げた。特に仁堀航路と大島航路は写真もあまり発表されておらず、貴重な記録と言えるだろう。

　本書は廃止前の各線の懐かしい写真、美しい写真を集めた。懐かしむだけなくローカル線が抱える諸問題にも思いをはせていただければ幸いである。

2021年9月　山田 亮

地上20mの天空の駅宇都井に停車するキハ120形2両。キハ120は地方交通線の体質改善と経営合理化を進めるため1991年に製造が開始され、当初は越美北線と木次線に投入された。
◎宇都井　2018（平成30）年3月　撮影：山田 亮

1章
カラーフィルムで記録された
国鉄・JRの廃止路線

キハ58系の急行「よしの川」（徳島～小松島港間は快速）。急行「よしの川」は小松島線廃止直前でも6往復運転され、うち4往復が小松島港～阿波池田間だった。廃止前日の撮影である。
◎中田～小松島　1985（昭和60）年3月13日　撮影：小川金治（RGG）

倉吉線

倉吉駅に停車中の倉吉線客車列車。DE10形とオハフ61形が停車している。側面の行先表示札（サボ）は西倉吉－倉吉となっている。◎倉吉　1981（昭和56）年6月19日　撮影：荒川好夫（RGG）

キロ数	駅名	421	443D	445D	447D	449D	423	451D	425	453D	427	455D	429	457D	一	431	459D	駅名
0.0	⊖上　井発	545	632	752	...		946	1021	1148	1324	1557	1656	...	1806	鳥取	1916	2130	あげい
2.4	上　灘〃	552	636	756	...		950	1028	1152	1330	1601	1702	...	1812	1806発	1922	2134	うわなだ
4.2	倉吉〃	604	640	800	...		954	1041	1156	1343	1606	1707	1712	1817	1820	...	1928	2139	くらよし
6.8	西　倉〃	618	644	805	832	958	1047	1200	1354	1611		1716		...	1824	...	1934	2143	にしくらよし
8.8	小　鴨〃	623	648	809	836	1002		1204	1359	1615		1720	...		1828		1938	2147	おがも
10.6	上小鴨〃	628	652	812	839	1006		1208	1404	1620		1724	...		1832		1943	2151	かみおがも
15.2	関　金〃	640	701		848	1015		1217	1416	1629		1733	...		1841		1952	2200	せきがね
18.2	泰久寺〃		708		855			1224		1636		1740			1848				たいきゅうじ
20.0	山　守着		711		859			1228		1640		1744			1852				やまもり

1967年の倉吉線時刻表。客車列車（混合列車）が関金まで運行されている。夕刻は倉吉（現・打吹）で客車と気動車の乗り換えになっている。

倉吉市街地を1両で走るキハ40形2000番台。
◎上灘〜打吹
1981（昭和56）年6月19日
撮影：荒川好夫（RGG）

第一小鴨川橋梁を渡るC11形牽引の客車列車。混合列車であるが、この日は貨車の連結がなくチョコレート色の客車2両（オハニ61形とオハフ61形）だけである。倉吉線のSL（C11形）は1974年4月に引退しDL（DE10形）に置き換えられた。
◎西倉吉〜打吹　1972（昭和47）年3月14日
撮影：安田就視

DE10 1098（米子機関区）が貨車（ワム
80000形）と客車２両を牽引する客貨混
合列車。倉吉線の混合列車は1981年12
月の倉吉〜西倉吉間貨物営業廃止まで運
行され、客車列車はその後も路線廃止ま
で運行された。
◎西倉吉〜打吹
1981（昭和56）年４月24日
撮影：荒川好夫（RGG）

第一小鴨川橋梁を渡るDE10 1007（米子機関区）が牽引する貨車と客車の混合列車。1両目の客車はスハ43系と同じ座席のオハニ36形で青色塗装である。倉吉線の貨物営業は1974年10月に西倉吉〜関金間で、1983年12月に倉吉〜西倉吉間で廃止された。
◎西倉吉〜打吹
1981（昭和56）年4月19日
撮影：安田就視

DE10 1007（米子機関区）が牽引する客車列車。機関車の次位は青色塗装のオハニ36形。かつて急行に連結されていた2等座席車と荷物車の合造車オハニ36も末期はローカル線で運行された。倉吉線は1985年4月廃止の直前までDE10形牽引の客車列車が運行されていた。◎上小鴨　1981（昭和56）年4月19日　撮影：安田就視

倉吉線は朝と夜は関金折返しの列車が設定されていた。朝の通勤時間帯にＣ11 41（米子機関区）牽引の客車列車とキハ23形先頭の倉吉行ディーゼル車が並ぶ。1974年10月まで西倉吉〜関金間で貨物営業が行われた。
◎関金　1973（昭和48）年11月13日　撮影：安田就視

腕木信号機がある関金付近を走るキハ58系の普通列車。倉吉線に朝夕には急行の間合い運用でキハ58系の急行編成が入線した。冷房があり、通勤通学客に大好評だった。
◎上小鴨〜関金
1981（昭和56）年8月16日
撮影：安田就視

関金で折り返すC11 41（米子機関区）が牽引する朝の倉吉線混合列車。この日は貨車がなく客車2両だけである。関金に421列車として6時41分に到着し、機関車を付替えて7時47分発422列車として折り返す。ホームでは多数の乗客が7時21分発の倉吉行ディーゼル列車を待っている。◎関金　1973（昭和48）年11月13日　撮影・安田就視

朝日を浴びて山守まで往復するキハ58系
の急行編成。交差する道路は大山道(川
床道)。朝の通勤時間帯に急行の間合い
運用で山守まで往復する列車があった。
◎泰久寺〜山守
1981(昭和56)年8月16日
撮影:安田就視

築堤上を走り終点山守に近づくキハ20形
2両の倉吉線列車。終点山守は山が近く、
野原にホームがぽつんとあるだけだった。
◎泰久寺〜山守
1981（昭和56）年4月19日
撮影：安田就視

たいしゃせん
大社線

キハ58系6両編成。大社発京都行きの急行「白兎」で倉吉まで普通列車で運行し、倉吉〜京都が急行列車となる。
◎出雲高松〜出雲市
1979(昭和54)年5月1日
撮影：安田就視

上井―米子―松江―出雲市―

前頁からつづく

本表の他　松江―宍道間　木次線 190〜192頁参照

山陰本線（下り）（上井〜浜田）（その2） 大社線	駅	列車番号 / 行先名	出雲市 523	小倉 811D	松江 235D	出雲市 525	下関 829	出雲市港 527	米子 541	広島 611D	熊本 803D	大社 239D	門司 831	境港 511D	米子 241D	浜田 23	長門市 833	出雲市 529	広島 613D	小郡 513D	浜田 543
	始発		…	…	…		京都2156	鳥取519	浜坂500	…	…		豊岡500	鳥取850	…	東京1950	…		鳥取1105		福知山550

出雲平野を行くキハ47形1000番台とキハ40形2000番台の2両編成。背後の山々は出雲大社に連なる山々。
◎出雲高松～出雲市 1987(昭和62)年8月 撮影：安田就視

大社線内を走る大阪発「だいせん5号」くずれの普通列車。最後部はナハネフ22形。DD51形牽引で機関車の次位にスユニ
50形とマニ50形を連結した。◎出雲高松〜荒茅　1984（昭和59）年8月16日　撮影：高木英二（RGG）

大社線は1990年3月末日限りで廃止された。最終日は「さよなら大社線」のマークを付けた列車が運転された。
◎大社〜荒茅　1990（平成2）年3月31日　撮影：荒川好夫（RGG）

DE10形が牽引する大社線の客車列車。1978年10月改正時には大社線には客車列車が朝に2往復あり、うち1往復は大阪発夜行急行「だいせん5号」くずれ（出雲市から普通列車）とその折返しで、もう1往復がこの列車で客車2両と郵便荷物車スユニ50形が1両の3両編成だった。
◎荒茅〜出雲高松
1979（昭和54）年5月1日
撮影：安田就視

DD51形牽引の20系夜行急行「だいせん5号」くずれの普通列車。米子から快速となり、出雲市から135列車として7時20分に大社に到着し、ただちに機関車を付替え7時53分発136列車として出雲市へ折返した。列車の左側に大社駅舎がある。
◎大社　1984（昭和59）年8月16日　撮影：荒川好夫（RGG）

神殿造りの豪壮な駅舎で知られる大社駅。1924年に竣工した二代目で、大社線廃止後も大事に保存され、2004年には重要文化財に指定。また2009年には近代化産業遺産に認定された。◎大社　1983 (昭和58) 年12月7日　撮影：安田就視

三江線

河口近くの江の川に沿って走るキハ20形2両編成。江の川は河口に近いため川幅は広く悠然と流れる。画面右方向に無人駅の江津本町駅がある。この付近は江津の中心市街地に近く家々が多い。
◎江津〜江津本町　1981（昭和56）年4月23日　撮影：安田就視

因原〜鹿賀間で濁川にかかる井原川橋梁
を渡るキハ23形単行。写真右手で濁川は
江の川に合流している。
◎因原〜鹿賀　1987（昭和62）年8月
撮影：安田就視

冬の陽を浴びてキハ40形2000番台が
走る。背後に江の川が流れる。この区
間は全通前は三江北線で戦前の建設の
ため川の流れや地形に忠実に敷設され
ている。
◎木路原〜竹
1990（平成2）年12月
撮影：安田就視

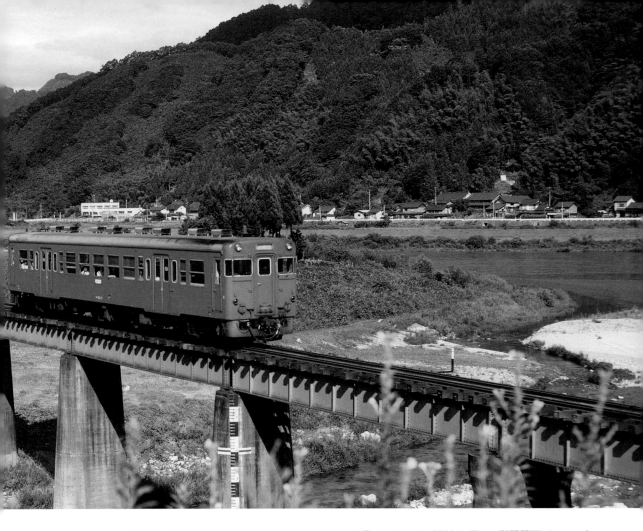

42.4.1 改正 石見江津──浜原 (三江北線・下り)		321D	323D	325D	327D	329D	331D	333D	335D	337D	駅 名
キロ数	駅 名										
	浜田発	‥‥	‥‥	551	‥‥	1015	‥‥	1234	1648	‥‥	はまだ
0.0	石見江津発	500	631	912	1051	1310	1503	1722	1908	2023	いわみごうつ
1.1	江津本町 〃	503	634	915	1054	1313	1506	1725	1911	2026	ごうつほんまち
3.4	千 金 〃	508	639	920	1059	1318	1511	1730	1916	2031	ちがね
7.0	川 平 〃	514	652	926	1105	1325	1517	1736	1922	2042	かわひら
13.9	川 戸 〃	525	703	937	1116	1335	1528	1747	1933	2052	かわど
19.3	田 津 〃	533	713	945	1125	1344	1536	1755	1941	2101	たづ
22.3	石見川越 〃	539	719	951	1131	1354	1542	1801	1947	2106	いわみかわごえ
25.8	鹿 賀 〃	545	726	957	1137	1400	1548	1807	1953	2112	しかが
28.9	因 原 〃	551	733	1003	1143	1406	1600	1813	1959	2118	いんばら
32.6	石見川本 〃	608	749	1016	1203	1413	1614	1821	2005	2127	いわみかわもと
34.6	木 路 原 〃	612	753	1020	1207	1418	1618	1825	2009	2131	きろはら
37.6	竹 〃	618	759	1027	1214	1424	1625	1831	2016	2137	たけ
39.8	乙 原 〃	623	804	1032	1219	1429	1630	1836	2021	2142	おんばら
42.7	石見簗瀬 〃	630	811	1038	1225	1436	1636	1843	2027	2149	いわみやなぜ
45.0	明 塚 〃	635	816	1043	1230	1441	1641	1848	2032	2154	あかつか
48.1	粕 渕 〃	641	825	1037	1237	1447	1648	1854	2039	2200	かすぶち
50.1	浜 原着	645	827	1054	1241	1451	1652	1858	2043	2204	はまばら

1967年の三江北線時刻表。4本が浜田から直通。
表定速度は約30㎞/hで極めて低い。

41.10.1 訂補 三次──口羽 (三江南線)		521D	523D	525D	527D	529D	531D	533D	535D	駅 名
キロ数	駅 名									
0.0	三 次発	515	622	820	1015	1402	1547	1804	2040	みよし
2.0	尾 関山 〃	518	625	824	1018	1405	1551	1809	2043	おぜきやま
4.9	粟 屋 〃	522	630	828	1023	1410	1555	1814	2047	あわや
9.7	船 佐 〃	530	638	837	1031	1418	1604	1823	2055	ふなさ
11.1	所 木 〃	533	641	840	1034	1421	1607	1826	2058	ところぎ
13.0	信 木 〃	536	645	843	1037	1425	1610	1830	2101	のぶき
14.7	式 敷 〃	539	648	847	1040	1428	1614	1834	2105	しきしき
18.4	香 淀 〃		654	852	1045	1434	1619	1840	2110	こうよど
23.5	作 木口 〃	‥‥	701	859	1052	1441	1626	1847	2117	さくぎぐち
24.9	江 平 〃	‥‥	704	902	1055	1444	1629	1850	2120	ごうびら
28.4	口 羽着	‥‥	709	908	1100	1449	1635	1855	2125	くちば

1966年の三江南線時刻表。1963年6月に
式敷から口羽まで開通しているが、国鉄屈
指の赤字線であった。

江の川の川面に列車を映して走る三江線。キハ40形2000番台が1両で走る光景。
◎明塚～石見築瀬　1990（平成2）年12月　撮影：安田就視

粕淵の明塚方にある江の川第一橋梁を渡ったキハ40形2000番台。1972年7月の集中豪雨で江の川第一橋梁は流出し、新たに架橋された。復旧は1974年12月である。◎粕淵〜明塚　1989（平成元）年8月30日　撮影：荒川好夫（RGG）

粕淵付近を行くキハ40形2000番台1両の列車。粕淵は三江線沿線では石見川本と並び比較的大きな市街地を形成している。
粕淵の駅舎が見えるが、構内の交換設備は撤去されている。
◎粕淵〜浜原　1989（平成元）年8月30日　撮影：荒川好夫（RGG）

三江北線の終点浜原。郵便荷物車キユニ01形とキハ17系3両の列車が停車中。キユニ01形はレールバス、キハ01形を1962年に改造した郵便荷物車。1形式1両の珍車で浜田機関区に配置され、浜田名物だった。液体式気動車と総括制御できないため常に最後部に連結され牽引された。1967年に廃車された。◎浜原　1963（昭和38）年8月27日　撮影：荻原二郎

三江北線時代は終点だった浜原に停車中のキハ40形2000番台。三江線は江津から三次方向が下りである。浜原は三江線では珍しく跨線橋があった。◎浜原　1990（平成2）年12月　撮影：安田就視

三江北線時代の浜原駅と国鉄バスの鉄道代行バス。1972年7月、集中豪雨で明塚～粕淵間の江の川第一橋梁が流出するなど大きな被害が発生し、明塚～浜原間が不通になり、石見築瀬～浜原間に国鉄バスによる代行バスが運行された。江の川第一橋梁は架け替えられ、1974年12月に復旧した。浜原は1937年開業の趣ある駅舎で、三江線全通後は駅前に三江線全通記念碑が設置された。◎浜原　1973（昭和48）年8月14日　撮影：安田就視

1975年8月の三江線全通時に開設された宇都井駅は地上20mの日本一高いホームがある。昔ながらの農村風景、静かな山里に突如出現した天空の駅。
◎宇都井
1982（昭和57）年10月16日
撮影：安田就視

高さ20mの宇都井駅と116段ある階段。
◎宇都井　2018（平成30）年3月
撮影：山田 亮

宇都井駅ホームから見下ろした中国山地の山あいの集落。廃止が近く、地元の人々が「ありがとう三江線」の旗を振っている。
◎宇都井　2018（平成30）年3月
撮影：山田 亮

三江南線時代の終点口羽に停車中のキハ11形。画面右後方に浜原方新線区間の路盤ができあがっている。三江南線と北線の間には連絡バスがなかった。1975年8月の三江線全線開通後も口羽で線路はつながらず直通運転はできなかったが1978年から直通した。新線区間はわずか4往復の運転だった。◎口羽　1973（昭和48）年8月14日　撮影：安田就視

馬洗川（江の川の支流）を渡る西日本地区
のローカル線で活躍するキハ120形の2
両。
◎三次〜尾関山　2017（平成29）年3月
撮影：山田 亮

江の川（広島県内では可愛川と呼ばれる）を渡るキハ58系4両編成。
「わんぱく列車」のマークが付き臨時列車と思われる。前2両は
1989年から広島、下関、山陰西部の一般形気動車に施された「広島
山口色」、後方2両は1993年から広島地区のキハ58系に施された「広
島急行色」（芸備線急行色）ともいわれた。
◎尾関山〜粟屋　1998（平成10）年7月22日　撮影：安田就視

三江線最終日の三次駅。三江線はキハ120形300番台（ステンレス車体、セミクロスシート）で運行されており、右から2番目の列車が三江線で「さよなら三江線」のマークが付き「お別れ鉄」で満員である。現在は芸備線三次〜新見間、福塩線府中以北はキハ120形だが、三次〜広島間はキハ40、キハ47形が主力である。
◎三次　2018（平成30）年3月31日　撮影：小林大樹（RGG）

可部線（可部〜三段峡）

可部駅における電車と気動車の接続風景。電車は1976年に呉線から73系電車が転入し、それまでの17m車を置き換えた。73系はライトグリーンで前面にオレンジの警戒色が入っている。左側にキハ40形が停車し貨物ホームに貨車が停まる。背後の山の中腹まで宅地が広がっている。◎可部　1983（昭和58）年6月5日　撮影：森嶋孝司（RGG）

小河内に停車中の首都圏色のキハ47形4
両編成。ホームは島式だが交換設備が撤
去され、線路は片側1線だけである。
◎小河内　1982（昭和57）年9月29日
撮影：安田就視

可部に到着する1日1本の広島から三段峡への直通ディーゼル車2535D（広島8:18－三段峡10:45）キハ40形2000番台2両。写真手前が広島方である。右のホームは行き止りで115系と105系が止まっている。JR発足後、可部線電化区間は広島への通勤線区として増発、車両の改善、冷房化が行われた。現在は最新鋭の227系が運用に就いている。
◎可部　1990（平成2）年8月13日
撮影：安田就視

太田川に沿って走るキハ47形 2 両編成。この付近は川が蛇行しているためトンネルと鉄橋が断続している。
◎小河内〜安野　1990（平成 2 ）年 8 月 2 日　撮影：安田就視

山あいを行くキハ40、47形の3両編成。可部以北は太田川と山間部の田園風景が繰り返し現れる。
◎安野～水内　1983（昭和58）年6月5日　撮影：森嶋孝司（RGG）

41.3.25 訂補　　可　部　ー　加　計　（可部線・下り）

キロ程	駅名	831D	833D	835D	837D	841D	843D	821D	845D	847D	849D	駅名
14.0	(洗)可部　発	717		847	1006	1253	1434	1553	1724	1815		1918	2100	かべ
15.3	河戸　〃	720		850	1009	1256	1437	1556	1728	1818		1921	2103	こうど
17.7	今井田　〃	725		855	1013	1300	1441	1601	1734	1822		1926	2107	いまいだ
20.6	安芸亀山　〃	730		900	1018	1305	1446	1606	1739	1827		1931	2112	あきかめやま
23.4	毛木　〃	734		904	1023	1310	1451	1610	1744	1832		1935	2117	けぎ
25.1	安芸室　〃	739		908	1030	1313	1455	1617	1749	1835		1938	2121	あきむろ
27.5	布　〃	743		912	1034	1317	1459	1621	1755	1839		1942	2125	ぬの
29.6	河内　〃	747		916	1038	1321	1503	1625	1800	1843		1946	2129	おがうち
32.1	小河内　〃	752		921	1042	1325	1507	1630	1805	1847		1951	2133	やすの
35.2	安野　〃	759		928	1049	1332	1514	1637	1812	1855		2002	2140	みのち
37.6	水内　〃	802		931	1053	1336	1518	1640	1816	1858		2005	2144	つぼの
40.6	筒賀　〃	808		937	1059	1342	1524	1646	1824	1904		2011	2150	つつが
44.9	津浪　〃	812		941	1102	1345	1527	1650	1828	1908		2015	2153	つなみ
	香草　〃	817		945	1107	1350	1532	1655	1833	1913		2020	2158	かぐさ
46.0	加計　着	820		948	1109	1352	1534	1658	1837	1915		2022	2200	かけ

（横川から　横川発613　広島911　広島1200　横川発1400（土曜日は可部で839D）　広島発1500　志和口発1359 865D　広島1836）

1966年の可部線可部～加計間の時刻表。電化区間からの直通気動車列車がある。可部～加計間には夕方に客車列車が1本あることに注目。上りは朝に1本客車列車があり、C11が牽引した。

太田川を渡る標準形気動車のキハ40形2000番台。沿線の桜が満開である。
◎水内〜安野　2001（平成13）年4月6日　撮影：荒川好夫（RGG）

田之尻を発車して津浪（三段峡）方面へ向かうキハ40形2000番台2両編成の下り列車。写真右側が津浪方向である。田之尻
～津浪間で中国自動車道と交差している。◎田之尻　1990（平成2）年8月2日　撮影：安田就視

太田川と国道191号に沿って走る広島色の
キハ40形2000番台。対岸との間につり橋
がある。この付近は戦後の建設である。
◎津浪～香草
1990（平成2）年8月2日
撮影：安田就視

田之尻へ到着するキハ40形2000番台2両の下り列車。左は太田川。写真右端に田之尻のホームが見える。可部以北は太田川の流れに沿って建設され、カーブが多くスピードが出ない。◎田之尻　1990（平成2）年8月2日　撮影：安田就視

加計駅舎。1954年3月30日、布〜加計間開業に伴って開設。1969年7月27日の加計〜三段峡開通まで可部線の終点だった。
◎加計　1982（昭和57）年9月29日　撮影：安田就視

三段峡駅で折り返すキハ23形の列車。ホームは片側1面の質素な構造である。
◎三段峡　1976（昭和48）年8月14日　撮影：安田就視

加計を発車し太田川の支流、滝山川を渡る列車。可部〜三段峡間最終日のため、広島色キハ40，47形の4両編成である。後方に加計駅構内が見える。背後は加計の市街地。◎加計〜木坂　2003（平成15）年11月30日　撮影：荒川好夫（RGG）

桜の咲いている三段峡駅舎。可部〜三段峡間は2003年11月末日限りで廃止されたため、廃止後の姿だがきれいに保たれている。景勝地、三段の滝は約3km先である。◎三段峡駅跡　2004（平成16）年4月13日　撮影：安田就視

みねせん

美祢線（南大嶺〜大嶺）

南大嶺に停車中のキハ30形。ワンマン運転の表示がある。南大嶺から大嶺方面は直進に対し、長門市方面は右に曲がっていて、大嶺方面が最初の開通であることを示している。◎南大嶺　1994（平成6）年5月21日　松本正敏（RGG）

ワンマン色キハ30形の単行運転。田に水が張られ田植えの時期である。
◎大嶺～南大嶺　1991（平成3）年6月8日　撮影：岩堀春夫（RGG）

1966年の美祢線時刻表。南大嶺～大嶺間の区間運転は14本でSLが客車1両を牽引した。熊本～米子間の急行「やえがき」は下関で山陰本線経由と美祢線経由に別れ長門市で再び連結された。「離婚再婚列車」といわれた。

大嶺駅に停車中のキハ20形200番台単行（1両）。1973年時点で南大嶺～大嶺間は気動車1両で1日8往復運転であった。貨物輸送は1984年まで行われ、構内には貨物側線がある。
◎大嶺　1973（昭和48）年11月15日　撮影：安田就視

大嶺で停車中のキハ40形2000番台。美祢線は日露戦争を機に敷かれた歴史ある陰陽連絡線であり、大嶺への支線はもともと本線だった。◎大嶺　1984（昭和59）年4月19日　撮影：高木英二（RGG）

落ち着いた木造駅舎の大嶺駅。大嶺炭鉱の無煙炭輸送のため、厚狭〜大嶺間は1905年9月の明治時代に開通した。
◎大嶺　1973（昭和48）年11月15日
撮影：安田就視

大嶺停車中のワンマン運転のキハ30形1両。構内から貨物側線が撤去されている。1988年3月から南大嶺〜大嶺間でワンマン運転が始まった。1987年から南大嶺〜大嶺間および長門市〜仙崎間のキハ30形が赤とグレー、白のワンマン塗装になった。「おおつのしか」（大角鹿）のヘッドマークが付けられている。◎大嶺　1990（平成2）年8月　撮影：安田就視

小松島線

DE10 113（高松運転所）が牽引する阿波池田発小松島行の普通列車。小松島線、徳島本線（現・徳島線）には通勤通学時間帯に客車列車が3往復運転され、小松島では駅本屋側のホームに発着した。客車は小松島客貨車区所属。
◎中田〜小松島　1981（昭和56）年6月20日　撮影：荒川好夫（RGG）

小松島駅のホーム、背後には小松島客貨車区（四コマ）があり、オハフ61形が留置されている。次の小松島港は仮乗降場で約300m離れていたが小松島駅の構内扱い。小松島のホームは小松島港発着列車のホームと、駅本屋側ホームの2ヶ所があった。◎小松島　1981（昭和56）年4月15日　撮影：安田就視

41.10. 1 改正		小松島港 ── 徳 島													
キロ数	駅　名	431D	340D	445D		417D	447D	451D		1413D	いち		457D	639D	463D
…	小松島港発	430	721	1032	阿	1130	1141	1306	阿	1442	松		1453	1654	1811
0.0	小 松 島 〃	431	722	1033	佐	1131	1142	1307	佐	1444	山		1455	1655	1813
1.9	中 田 〃	435	729	1039	1	↓	1146	1311	2	↓	着	以	1459	1659	1817
5.1	地 蔵 橋 〃	440	734	1047	号	1151	1316	号	↓	2032	下	1504	1707	1822
8.3	二 軒 屋 〃	444	738	1052	急	↓	1156	1321	急	↓		275	1509	1711	1827
11.1	徳　島 着	449	742	1056		1144	1200	1325		1457		頁	1513	1716	1831

1966年の小松島線時刻表。小松島港発の急行「阿佐」が2本あり、小松島港〜高知間の運転。大阪難波からの南海電車、和歌山港からの南海汽船に接続し「南海四国ライン」としてPRされた。

小松島駅構内から中田方を見たところ。急行「よしの川」キハ58系3両が小松島港方面へ向かっている。写真右側奥に徳島気動車区小松島支区がありDE10形ディーゼル機関車が待機している。中田〜小松島間の小松島線は1985年3月に廃止された。
◎中田〜小松島　1981（昭和56）年4月15日
撮影：安田就視

小松島駅構内。写真中央が小松島客貨車
区で鋼体化客車オハ61系が留置されてい
る。画面右側に小松島駅の本屋があり、
本屋側のホームには小松島を始発終着と
する列車が発着。左側に見えるホームに
は小松島港発着の列車が停車した。
◎小松島　1981（昭和56）年4月15日
撮影：安田就視

和歌山方面への南海フェリーに連絡する小松島港仮乗降場。ホーム1面だけで阿波池田行のキハ58系急行「よしの川」（徳
島までは快速扱い）が停車している。写真左側、約300m離れた場所に小松島駅のホームがあった。
◎小松島港　1981（昭和56）年4月15日　撮影：安田就視

南海フェリー乗り場の表示がある小松島港仮乗降場。小松島駅の構内扱いのため営業キロの設定はなかった。構内には名物「竹ちくわ」を売る女性が店を構えている。◎小松島港　1982（昭和57）年 4 月22日　撮影：安田就視

うちこせん

内子線（五郎～新谷）

カーブした矢落川鉄橋を渡る内子線のキハ20形2両。写真後方の道路橋の先で矢落川は肱川に合流している。鉄橋の右側が五郎方面。この鉄橋は予讃本線と内子線が共用しており、左側（伊予大洲方）で予讃本線と内子線が分岐していた。この列車は内子～伊予大洲間の列車で五郎で向きが変わった。◎新谷～五郎　1982（昭和57）年9月26日　撮影：安田就視

41.10. 1 訂補 伊予大洲—内子 (内子線・下り)	キロ数	駅名	633D	635D	637D	639D	641D	643D	645D	647D	649D	651D	駅名
	0.0	伊予大洲発	…	…	817	959	…	…	1555	1752	…	…	いよおおず
	3.8	五郎〃	609	703	825	1007	1111	1246	1612	1810	1904	2210	ごろう
	7.5	新谷〃	615	709	831	1013	1117	1252	1618	1816	1910	2216	にいや
	8.5	喜多山〃	618	712	834	1016	1120	1255	1621	1819	1913	2219	きたやま
	12.6	五十崎〃	628	722	844	1026	1130	1305	1631	1829	1923	2229	いかざき
	14.1	内子着	631	726	848	1029	1134	1308	1634	1832	1927	2252	うちこ

1966年の内子線時刻表。伊予大洲からの直通は4本ある。

『小松島市史』に登場する小松島線

小松島線(中田－小松島港)と牟岐線(徳島－牟岐－海部)がある。小松島線については、大正2年4月20日開業。徳島－小松島間を、阿波国共同汽船(株)が会社線として敷設したものを、開業と同時に鉄道院が借り上げ、後に買収し、国有鉄道となった。大正3年には徳島線が池田まで開通し、池田－徳島－小松島と直結した。このことは、沿線住民の阪神方面への連絡は徳島本線により、唯一の大型船の出入りできる小松島港へと結び、小松島に繁栄をもたらした。戦時中は軍の出征や物資の輸送を担い、戦後は復員、戦災者の帰郷、引揚者の輸送と、折からの車両不足もあって、貨車、無蓋車なども動員し、輸送に当たった。ようやく昭和24年、国有鉄道は、公共企業体に改組され、日本国有鉄道公社となり、独立採算を目指し、輸送の近代化を推進した。35年頃からは自家用自動車が普及し、マイカー時代を迎えた。次いでフェリー輸送がはじまり、旅客と貨物がともに国鉄ばなれの現象を来たし、当然の結果として39年には300億円の赤字が出、それ以来赤字は増加する一方であった。この期間、国鉄合理化の一端として、路線の整理が行われ、徳島本線の起点であった小松島は、中田－小松島(1.9キロメートル)の短い路線に改定。牟岐線は逆に徳島－牟岐に改められた。運行は従来どおりであったし、何も影響はないと思われていたこの路線名変更は後に大きな問題を投げかける遠因となったのである。牟岐線については、阿南鉄道(株)が中田駅から分岐し、はじめ古庄に至る間を敷設、大正5年5月12日に開業し昭和11年7月1日に国鉄に買収された。昭和17年7月1日には日和佐牟岐間さらに昭和48年10月には阿佐線海部までの営業が始まり、県南唯一の鉄道線として利用されている。

市内の駅数は、中田、小松島、南小松島、阿波赤石、立江の5駅である。

(国鉄小松島線の廃止)

国鉄は昭和39年度になって初めて300億円の赤字を出し、以来ずっと赤字が累増して、57年度では18兆円となっている。旅客の激減は、自動車産業の発達で乗用車が急速にふえたことや、航空機利用の増大などもあり、国道や交通網整備建設に伴って、モータリゼーションとなったことが大きな原因である。

貨物も海運とトラックで総輸送量の91.9%、その他0.3%、計92.2%が占められ国鉄占有率は、わずか7.8%にすぎない。こうした状態の中で、いろいろの曲折を経て、昭和55年11月「日本国有鉄道経営再建特別措置法」が可決された。

36年4月に路線名の変更によって支線とされた小松島線(中田－小松島港間1.9キロメートル)は、運行回数15往復(うち7往復準急便)で、これらはいずれも船車連絡便として阪神、紀伊航路と接続し、徳島－穴吹－池田、高知へ、また、鳴門、高松方面へも接続している現状であった。しかし1.9キロメートルの区間だけの営業係数を計算すると、全国でワースト5位、四国管内では最低となるのは当然であった。

55年12月27日、国鉄再建法、及び施行規則公布、施行。56年6月10日特定地方交通線40線承認申請、知事通知が出されており、小松島線も第1次特定線に入った。

これよりさき、55年3月24日、小松島市議会全員一致で存続決議、沿線各市町村長、四国4県、正副議長会、知事会でも存続要望が決議され、小松島線の現状から存続されることが当然とする、運動陳情が強力に展開された。56年6月15日には四国地方でただ1線廃止予定路線になったことに対し、猛反対運動を行った。

58年2月8日には、対話集会を開き、県、商工港湾関係者、小松島線を守る会、県民の足を守る会、外、団体100人と、国鉄四国総局長外幹部5人が出席、廃止選定の経緯、改善計画、車両基地の扱い、路線名の問題について討議した。民間団体「さつき会」の白石ツネイ会長は旅行団を組織、国鉄利用に最大の努力を払った。

反対運動は、いろんな方法、手段で続けられたが、国鉄は58年度中にも廃止したいという意向で、なんとしても廃止にもっていこうとする強い姿勢であった。

7月には、小松島車両基地をはじめ全国運転基地67ヵ所を、58年度中に廃止する旨を提示した。

59年2月からは、小松島駅、南小松島駅の荷物扱いを廃止、小松島臨港線も廃止された。

59年7月「小松島線地方交通線対策協議会」では、バス代替輸送とするか、第3セクターにするか二者択一を迫られ、麻植市長は迷った。こうして事実上、廃止をのまざるを得ない状態となり、遂に60年3月14日から廃止、バス代替輸送に決まったのである。

2章

カラーフィルムで記録された
国鉄・JRの
第三セクター継承路線

JR若桜線は1987年10月14日付で廃止され、同日付で若桜鉄道に転換された。10月13日はJR若桜線としての最終日で、「さよならJR若桜線」のお別れマークを付けたキハ47形の列車が若桜鉄道WT2500形と並ぶ。
◎若桜　1987（昭和62）年10月13日　荒川好夫（RGG）

若桜線（現・若桜鉄道 若桜線）

若桜線のキハ07形とキハ20形の2両編成。先頭のキハ07形200番台は液体変速機付きのため、後ろのキハ20形と総括制御が可能であった。1963年時点では鳥取機関区にキハ07形が3両配置されていた。
◎郡家　1963（昭和38）年8月26日　撮影：荻原二郎

キハ40形を先頭にした列車が八東川に架かる第一八東川鉄橋を渡る。八東川は千代川の支流で若桜谷を流れている。この鉄橋は登録有形文化財に指定されている。
◎郡家～因幡船岡　1981（昭和56）年8月18日　撮影：安田就視

第一八東川橋梁を渡る国鉄色キハ20形－キハ40形－キハ47形の3両編成。2008年7月23日若桜鉄道の駅舎など沿線施設が、国の登録有形文化財に登録された。第一八東川橋梁もその一つである。
◎郡家〜因幡船岡　1981（昭和56）年4月24日　撮影：荒川好夫（RGG）

安部を発車する下り列車。キハ47形とキハ26形の2両編成。写真左側に木造の安部駅舎が見える。安部駅は現在でも木造駅舎で理髪店としても利用されている。平行する道路の後方には八東川が流れる。
◎安部〜八東　1981（昭和56）年8月18日　撮影：安田就視

梨畑の中を走るDE10 1007（米子機関区）牽引の客車列車。若桜線は1974年に貨物営業が廃止されたが、客車列車は気動車不足のためその後も昼間に2往復運転され、1982年7月の伯備線電化時に客車列車が廃止され気動車化された。若桜線沿線は二十世紀梨の産地である。◎八東〜安部　1981（昭和56）年4月20日　撮影：安田就視

材木輸送が主目的だった鳥取東部の行き止まり線は第三セクターとして存続した。
◎八東〜丹比　1981（昭和56）年4月25日　撮影：荒川好夫（RGG）

若桜谷を流れる八東川に架かる第二八東川鉄橋を渡る列車。キハ40形とキハ58形、キハ26形の３両編成。
◎八東〜丹比　1981（昭和56）年４月21日　撮影：安田就視

鳥 取 — 若 桜
（若桜線）

42・4・1訂補

本表の他
鳥取—郡家　因美線　一六四〜一六六頁参照

キロ数	駅名	321	333D	335D	337D	351	323	325	339D	341D	駅名
0.0	鳥取発	403	710	915	1155	1255	1610	1742	1950	2106	とっとり
4.3	津ノ井〃	411	715	921	1201	1310	1621	1753	1955	2111	つのい
8.2	東郡家〃	↓	722	928	1208	↓	↓	↓	2002	2118	ひがしこおげ
10.3	郡家〃	434	726	936	1215	1335	1634	1812	2010	2122	こおげ
12.7	因幡船岡〃	441	731	940	1219	1342	1640	1817	2014	2126	いなばふなおか
14.8	隼〃	447	735	944	1223	1348	1645	1823	2018	2130	はやぶさ
17.4	安部〃	454	741	950	1229	1354	1651	1829	2024	2134	あべ
20.2	八東〃	503	747	955		1401	1657	1835	2029	2141	はっとう
23.9	丹比〃	514	756	1002	1241	1412	1706	1843	2036	2148	たんび
29.5	若桜着	526	806	1011	1251	1424	1716	1854	2045	2158	わかさ

キロ数	駅名	332D	322	334D	336D	338D	352	324	326	340D		
0.0	若桜発	533	641	810	1014	1254	1450		1921	2048	…	…
5.6	丹比〃	541	653	818	1023	1302	1504	1741	1933	2057	…	…
9.3	八東〃	547	701	824	1028	1308	1514	1748	1942	2102		
12.1	安部〃	551	707	829	1033	1313	1520	1754	1948	2107		
14.7	隼〃	556	712	834	1038	1318	1525	1800	1953	2112		
16.8	因幡船岡〃	601	718	839	1042	1323	1533	1805	2009	2116		
19.2	郡家〃	605	728	844	1105	1350	1543	1824	2022	2122		
21.3	東郡家〃	609	↓	848	1109	1354	↓	↓	↓	2126		
25.2	津ノ井〃	614	741	853	1114	1359	1601	1834	2035	2131		
29.5	鳥取着	620	749	900	1121	1406	1609	1842	2043	2137		

1967年の若桜線時刻表。客車列車が４往復ありＣ11が牽引した。

ぶどう畑の間を走る国鉄色キハ26形とキハ47形の2両編成。若桜鉄道に転換後、丹比～八東間に2002年徳丸駅が開設された。
◎丹比～八東
1981（昭和56）年8月18日
撮影：安田就視

若桜を発車する急行編成を使用した朝の
通勤通学列車。最後部はキハ65形。若
桜駅舎は第三セクター化後もそのまま使
用され、2008年に登録有形文化財となっ
た。2020年に台湾鉄路管理局内湾線の
内湾駅と姉妹提携を結んだ。
◎若桜　1981（昭和56）年4月21日
撮影：安田就視

岩日線（現・錦川鉄道 錦川清流線）

南河内付近の錦川は川幅が広く、河川敷が広くなっている。広い河川敷に架けられた第2保木川橋梁（396m）を渡るキハ20形、26形の3両編成。手前の川は錦川の支流保木川。画面右側奥で岩日線と国道2号が交差している。
◎御庄〜南河内
1981（昭和56）年12月12日
撮影：安田就視

岩日線の下り列車は錦川の左側（錦川の右岸）を走る。画面右側が椋野（錦町）方である。キハ26形とキハ20形の2両編成。岩日線は戦後の建設のため、路盤、橋脚がコンクリート造りで近代的である。
◎椋野〜北河内
1981（昭和56）年4月25日
撮影：安田就視

春浅い錦川沿いを走るキハ25形の4両編成。画面右側が南桑（錦町）方である。錦川を挟んだ対岸に国道187号が通っている。
◎南桑〜椋野　1981（昭和56）年4月25日　撮影：安田就視

41・10・1改正　岩国—錦町　（岩日線・下り）

キロ数	駅名	521D	523D	525D	527D	529D	531D	533D	535D	537D			駅名
0.0	岩　国 発	…	512	741	1031	1322	1528	1745	1855	2015	…	…	いわくに
3.7	西岩国	…	517	747	1036	1332	1534	1751	1901	2022	…	…	にしいわくに
5.6	川　西	…	521	750	1040	1336	1538	1754	1904	2025	…	…	かわにし
9.5	御　庄	…	527	756	1046	1342	1544	1800	1910	2031	…	…	みしょう
14.2	南河内	…	533	802	1052	1348	1550	1806	1916	2037	…	…	みなみこうち
19.5	北河内	…	540	810	1059	1355	1557	1814	1924	2045	…	…	きたごうち
23.3	椋　野	…	546	815	1105	1401	1603	1819	1929	2050	…	…	むくの
26.4	南　桑	…	550	820	1109	1405	1608	1824	1934	2055	…	…	なぐわ
29.1	根　笠	…	555	824	1114	1410	1612	1828	1939	2059	…	…	ねがさ
33.5	河　山	537	601	831	1122	1416	1620	1835	1947	2106	…	…	かわやま
36.6	柳　瀬	542	610	837	1127	1422	1626	1841	1952	2112	…	…	やなぜ
38.3	錦　町 着	546	614	841	1131	1426	1630	1845	1957	2116	…	…	にしきちょう

1966年の岩日線時刻表。全列車が岩国から直通し、岩国〜川西（正確には森ヶ原信号場）間は岩徳線に乗り入れ。

錦川の清流に沿って走るキハ25形、キハ26形の4両編成。画面右側が根笠（錦町）方である。当時、岩国機関区にはキハ55形の1エンジンタイプのキハ26形が配置されていた。2両目にバス窓のキハ26形が連結されている。
◎南桑〜根笠　1981（昭和56）年12月12日　撮影：安田就視

1963年10月に開設された岩日線の終点錦町駅。鉄筋コンクリートの簡素な造りの駅舎は戦後に建設された新線の特徴である。錦町から六日市まで国鉄バスが連絡している。岩日線廃止反対の横断幕が張られている。
◎錦町　1981（昭和56）年12月12日　撮影：安田就視

終点の錦町駅は旧錦町（現・岩国市）の市街地の端に位置し、駅から表通りが真っすぐ延びている。岩日線が廃止の危機にさらされたとき、地元は町を挙げての存続運動を展開した。
◎錦町　1973（昭和48）年8月14日
撮影：安田就視

JR岩日線最終日の錦町駅。JRのキハ40形と錦川鉄道NT2000形が並ぶ。錦町には錦川鉄道の本社と車両基地が設けられた。
◎錦町　1987（昭和62）年7月24日　撮影：高木英二（RGG）

中村線（現・土佐くろしお鉄道 中村線）

若井〜荷稲間のループトンネル第１川奥トンネル（2031m）を抜け、土佐佐賀（中村）方面へ向かうキハ181系特急「南風」。ループ線の高低差は41m、勾配は20‰。ループ線の半径は350m。
◎若井〜荷稲　1980（昭和55）年８月25日　撮影：安田就視

川奥信号場付近を通過しループ線にさしかかる下り急行あしずり3号。ループトンネル（第1川奥トンネル）に入り、ぐるっと一周して画面下のトンネル出口からでてくる。◎若井〜荷稲　1980（昭和55）年8月25日　撮影：安田就視

荷稲～若井間の川奥信号場付近を行く上り急行あしずり6号。上り列車は荷稲通過後勾配を登りループトンネルである第1
川奥トンネルへ入り、トンネルを出て川奥信号場で予土線と合流する。画面左下方向には土佐佐賀（中村）方面への線路が列
車から一瞬見える。◎荷稲～若井　1980（昭和55）年8月25日　撮影：安田就視

キハ26形先頭の普通列車。川奥信号場からループトンネルを抜け、伊与木川に沿った谷を下り、太平洋に面した土佐佐賀へ
向かう。◎荷稲～伊与喜　1980（昭和55）年8月25日　撮影：安田就視

	241D	1259D	1261D	2245D	215D	1265D	1273D	1281D	2273D	キロ数	駅名		1256D	1258D	1264D	1266D	2262D	1214D	2272D	1276D	2278D
始発	高松 008	…	高松 517	高知 921	高松 841	高松 1044	高松 1303	高松 1528	高知 1946		始発／終着		高知 934	高松 1334	高松 1443	高松 1711	土佐山田 1703	高松 2125	土佐山田 2027	高松 003	須崎 2158
	731	856	1026	1157	1316	1528	1754	2016	2219	0.0	窪 川 くぼかわ		654	830	1017	1255	1413	1638	1718	1911	2115
	737	902	1033	1203	レ	1535	1739	2021	2227	4.3	若 井 わかい		646	825	1009	1250	1408	1	1712	1903	2109
	747	913	1049	1214	急①	1551	1749	2031	2242	13.7	荷 稲 かいな		626	812	949	1236	1354	急	1655	1843	2056
	752	919	1056	1220		1558	1755	2037	2249	17.9	伊与喜 いよき		618	806	941	1231	1349	①	1648	1835	2051
	756	924	1101	1225	1337	1603	1758	2041	2254	20.7	土佐佐賀 とさがが		613	802	936	1227	1345	1614	1644	1830	2046

1966年の中村線時刻表。窪川から先は土讃本線ではなく中村線という独立した線名になった。別の線となったことで輸送密度が基準を下回り、第三セクター化された。急行は1往復、普通列車の多くも高松発の急行で窪川から普通列車になった。

土佐くろしお鉄道中村線になってからの交換風景。浮鞭駅でのキハ181系特急「南風」とＴＫＴ8000形の交換。
◎浮鞭　1989（平成元）年4月18日
撮影：森嶋孝司（RGG）

伊与木川に沿った谷を窪川方面へ向かう
上り急行あしずり。先頭と4両目はキハ
65形。最後部は郵便荷物車キユニ26形。
◎伊与喜〜荷稲
1980（昭和55）年8月25日
撮影：安田就視

中村駅で折り返す181系特急「南風」とDE10形ディーゼル機関車重連の貨物列車。ディーゼル特急「南風」は1972年3月改正で東京～宇野間寝台特急「瀬戸」に接続し高松～中村間に1往復登場し、1975年3月改正から3往復（うち1往復は高松～高知間）になった。◎中村　1975（昭和50）年12月12日　撮影：荒川好夫（RGG）

夕暮れの中村駅。写真左側は駅の裏側を流れる後川の堤防であり、後川は四万十川の支流だ。
◎中村　1981（昭和56）年4月14日　撮影：安田就視

3章
カラーフィルムで記録された
国鉄の廃止航路

宇高連絡船土佐丸。土佐丸は伊予丸型第2船として1966年3月竣工。船体色は「青」で太平洋の青を表わす。
◎1984（昭和59）年9月6日　撮影：高木英二（RGG）

うこうこうろ

宇高航路

伊予丸と高速艇「しおかぜ」。伊予丸は宇高連絡船近代化第1船として1966年1月竣工。船体色はオレンジで愛媛特産の「みかん」を表わす。高速艇「しおかぜ」は1985年就航。◎高松　1988（昭和63）年2月15日　撮影：高木英二（RGG）

宇野桟橋における宇高連絡船阿波丸への貨車航送風景。阿波丸は伊予丸型第3船として1967年9月竣工。船体色は「赤」で阿波踊りの情熱を表わす。
◎宇野　1981 (昭和56) 年1月27日
撮影：荒川好夫 (RGG)

宇高航路のホーバークラフト「とびうお」(定員66名)。海の新幹線と呼ばれた。1980年4月、それまでのホーバークラフト「かもめ」(定員52名) に代って宇高航路に投入された。ホーバークラフトは最高時速43ノット (約80km/h) だが有視界航行のため夜間、夕刻や荒天時の運行はできなかった。
◎1988 (昭和63) 年4月9日
撮影：高木英二 (RGG)

にほりこうろ

仁堀航路

仁堀連絡船瀬戸丸。仁堀航路最初の新造船で1975年3月就航。1974年11月に竣工したが、建造中に起きたオイルショックの影響で資材が高騰し建造費用が高くなり、代金の支払いをめぐって国鉄と造船所間でトラブルになったため、就航は「50－3」ダイヤ改正前日の1975年3月9日だった。◎仁方　1975（昭和50）年7月29日　撮影：荒川好夫（RGG）

中国・四国地方の鉄道地図（1961年）

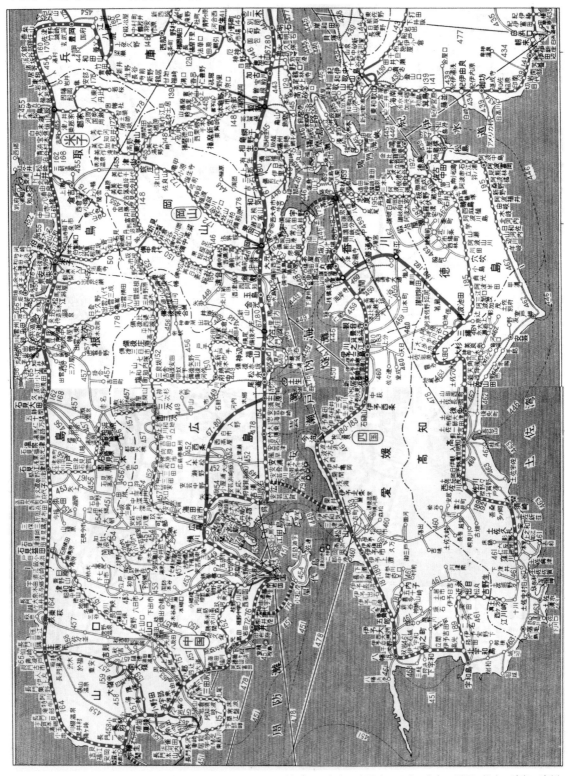

1961年の時刻表巻頭地図。かなりデフォルメされている。国鉄バスは充実し出雲市〜三次、広島〜浜田、松山〜高知、窪川〜江川崎などがある。当時、三江線と可部線は全通前で、中村線は開業前であった。
（交通公社時刻表1961年10月号、デジタル画像：国立国会図書館）

4章
モノクロフィルムで記録された国鉄・JRの廃止路線、第三セクター継承路線、廃止航路

キハ58系準急列車の最後部に連結されたキユニ07形。キユニ07形はキハ07形を改造した郵便荷物車で四国だけで見られた。機械式のため液体式気動車と総括制御できず、最後部に付随車として連結された。後方のキハ58はミュージックサイレン（踏切事故防止のための警報音）装備で前面にそれを示す「ヒゲ」が入っている。右の車両はキロハ25。
◎土佐佐賀　1965（昭和40）年12月18日　撮影：辻阪昭浩

倉吉線

路線DATA

起点：倉吉

終点：山守

開業：1912（明治45）年6月1日
（上井〔現・倉吉〕－倉吉〔後の打吹〕）

全通：1958（昭和33）年12月20日

廃止：1985（昭和60）年4月1日

路線距離：20.0km

　倉吉線は山陰本線が倉吉の市街地から離れて建設されたため、山陰本線と倉吉中心部を連絡するため、1912年6月1日、上井（1972年2月14日に倉吉と改称）～倉吉（1972年1月10日に打吹と改称）間が倉吉軽便線（軌間は1067㎜）として開業した。鉄道敷設法の別表には「岡山県勝山から鳥取県倉吉に至る鉄道」と明記されているため延長の動きはあったものの着工に至らなかった。その後、戦時中の1941（昭和16）年5月17日、関金に陸軍の演習場ができたため、兵員輸送のため倉吉～関金間が延長された。山守まで達したのは1958（昭和33）年12月20日のことである。

　それから先は姫新線中国勝山と結ぶ「南勝線」として鉄道建設公団により1974（昭和49）年に「着工」され1978（昭和53）年までに工費10億円の予算がついたが、温泉の泉脈問題から8000万円ほど使っただけで工事は中断したままになった。終点山守は周辺が山に囲まれ、畑の中にポツンとホームがあるだけで、「延長」を前提としていることがわかる。山守は山陰の名峰である大山（だいせん）の登山口だがそのような利用はほとんどなかった。1968（昭和43）年の国鉄諮問委員会による赤字線83線にも若桜線とともにリストアップされた。

　1970～80年代の倉吉線は主な乗客は高校生であった。打吹は倉吉市街の中心部で高校が立地し山陰本線沿線から乗り換えて倉吉線で通う生徒も多く、朝夕はかなりの混雑だった。混合列車の運転も倉吉線の特徴で、1980（昭和55）年時点では西倉吉まで貨物輸送があり、DE10（1974年まではC11）形が客車と貨車の混合列車を牽引していた。1981（昭和56）年に国鉄再建法による「第一次特定地方交通線」に指定され、沿線では反対運動もあったが、1985（昭和60）年4月1日付で廃線となった。

C11 11（鳥取機関区）が逆行で牽引する倉吉線の客車列車。上井（現・倉吉）の切り欠きホームに停車中。倉吉線のSL（蒸気機関車）は1974年4月まで運行され、DE10形に置き換えられた。◎上井　1970（昭和45）年10月26日　撮影：荒川好夫（RGG）

上井駅構内にあった鳥取機関区上井支区に待機するC11 11。乗務員との記念撮影。C11 11はいわゆる「ゾロ目」ナンバーで他にC55 55（1968年3月時点では鳥栖機関区配置）の例がある。煙突に回転式火の粉止めがあるため美観を損ねているといわれた。
◎鳥取機関区上井機関支区
1970（昭和45）年10月26日
撮影：荒川好夫（RGG）

倉吉線混合列車の側面行先表示板（横サボ）、西倉吉－上井となっている。
◎1962（昭和37）年7月1日
撮影：荻原二郎

上井（現・倉吉）の切り欠きホームに停車中の機械式気動車キハ07形（キハ07 120）。当時、鳥取機関区に倉吉線用のキハ07形が配置されていた。
◎上井　1962（昭和37）年7月1日
撮影：荻原二郎

上小鴨に停車中のキハ07形。1両のため高校生で満員で、かなりの混雑であることがわかる。左に貨物ホームが見える。
◎上小鴨　1962（昭和37）年7月1日　撮影：荻原二郎

上井駅の旧駅舎。1972年2月14日に倉吉と改称。写真右側に倉吉線の切り欠きホームがあった。その後、鉄筋2階建ての駅舎になったが、2011年に橋上駅舎となった。◎上井　1962（昭和37）年7月1日　撮影：荻原二郎

倉吉駅の切り欠きホームに停車中の倉吉線山守行のキハ20形。倉吉線は写真後方の右側に分岐している。後方左側は山陰本線の鳥取方面。◎倉吉　1980（昭和55）年7月　撮影：山田 亮

西倉吉でのキハ07形とＣ12 212（鳥取機関区）牽引の混合列車との交換風景。西倉吉の構内は広く貨物を扱っていた。
◎西倉吉
1962（昭和37）年7月1日
撮影：荻原二郎

倉吉線の終点山守で折り返すキハ07 120。キハ07形100番台はキハ07形の戦後に製造されたグループ。丸型の前面と正面6枚窓が特徴。通勤通学時間帯でかなり乗っている。
◎山守
1962（昭和37）年7月1日
撮影：荻原二郎

倉吉線の終点山守で折返すキハ20形。山守は周囲に何もなくホームと簡素な待合室があるだけ。
◎山守　1980（昭和55）年7月
撮影：山田 亮

『新倉吉市史』に登場する倉吉線

当時、稲扱千刃や綿織物の産地であった倉吉にとって、鉄道がないということは、大きい障害となる時代であった。

ところが、鉄道建設に早くから熱意をみせた倉吉でも、山陰線建設に際して一部の地主層の反対などのため、これを倉吉に引き入れることができなかったという。

しかし、後には、倉吉が上井駅から遠いために年々衰退するということで、明治43（1910）年には津山－倉吉間の鉄道建設を請願している。これは成功しなかったので、上井－倉吉間の鉄道建設にきりかえ、明治44（1911）年4月に測量をはじめ、明治45（1912）年6月1日に上井－倉吉間に軽便鉄道が開通した。さらに、第2次世界大戦中には、蒜山原の陸軍の演習に必要であるなどの理由によって山守までの延長が計画され、昭和16（1941）年5月17日に関金駅まで開通した。

この倉吉線は、将来中国山脈を越えて岡山県勝山に達し、倉吉地方と岡山県北部を結び、沿線一帯の振興に大きく貢献するということで、戦後は沿線町村などによって期成会がつくられて運動を継続し、その結果、昭和33（1958）年に山守駅まで延長開通した。上井駅からの総延長は20キロメートルで、うち市内には倉吉・上灘・打吹・西倉吉・小鴨・上小鴨の6駅が、関金町には関金・泰久寺・山守の3駅があった。

この山守駅まで延長した前年の昭和32（1957）年7月には「南勝線建設促進期成会」が結成され、精力的な運動が始まった。構成員は沿線の各市町村（岡山県側は勝山・落合・久世・湯原町、美甘・新庄・川上・八束・中和村）の長・議長・出身県議・諸団体代表などで、10年後の赤字ローカル線廃止の動きが大きくなる期間をも含む20年間の運動が繰りひろげられた。

この結果、昭和37（1962）年「調査線」に入り、昭和39（1964）年「工事線」、同45（1970）年期成会による抗打式、同49（1974）年運輸大臣認可、同年9月9日には日本建設公団による南勝線建設起工式が挙行され、引き続いて測量・用地買収などが始まった。計画路線図・駅予定地・トンネル区間なども明示され、中国山地は数十年の念願がようやく実現するものと明るい気運に包まれていた。

一方、多年の陰陽連絡の夢の一端が報いられることとなり、昭和30（1955）年に上井－津山間の鉄道バスが開通した。その後三朝への乗り入れや運行回数の増加、駅の増加などが検討されたこともあったが、徐々に利用者も減少し続け、昭和60（1985）年にはとうとう休止のやむなきに至った。

また、ながらく懸案となっていた「上井駅」の改築と駅名改称の動きが、当時の石破二朗県知事を中心に関係市町・出身県議などが一丸となって取り組み、昭和47（1972）年には「上井駅」を「倉吉駅」に、「倉吉駅」を「打吹駅」に改称することが決まり、倉吉駅舎の改築竣工式典が盛大に行われた。倉吉駅には「温泉郷入口」のサブタイトルもつけられ、新大阪駅には電光広告も出された。付帯条件であった県立中央体育館（昭51年オープン・全国的会議の開催可能）や倉吉－岡山間の急行バスの運行（昭和47年）、各地への観光宣伝、駅舎2階の合築方式による食堂・喫茶・みやげ品店なども店開きした。しかし、その後2階の各店は徐々に利用客が減り、最終的には昭和62（1987）年にはすべての店を閉じた。岡山までの急行バスも昭和52（1977）年には廃止してしまった。

（建設と廃止のせめぎ合い）

明治5（1872）年「汽笛一斉新橋を…」ではじまった国有鉄道は、100年後の昭和43（1968）年国鉄諮問委員会が、「全国83路線のローカル赤字線の廃止を答申」した。

倉吉線もこの中に含まれていた。そして、その後十数年、建設と廃止のせめぎ合いの結果、国鉄は分割されて昭和60年民営JRとして再出発することとなった。倉吉線は、この時点でバス運行へと転換することとなり廃止された。当然、新線建設として歩みはじめていた南勝線も一心同体ゆえの立ち消えとなったのである。

倉吉駅名改称・倉吉駅改築竣工の3年前、ローカル赤字線廃止答申の年の12月「倉吉線廃止反対期成同盟会」を、倉吉市・関金町・岡山県側沿線（南勝線）町村のほか県中部全町村・出身県議・諸団体代表などによって結成し、1万人署名陳情（昭和44年）や横断幕設置を行い、同45（1970）年にはPRマッチを東京そのほか関係先に配るとともに、11月には南勝線建設促進期成会による杭打式を挙行するなど気勢をあげている。

そして、昭和49年3月南勝線建設認可（運輸大臣）、5月9日には日本鉄道建設公団による起工式が行われ、以降、測量と用地買収が進められる。この直前、4月12日には、鳥取県中部と岡山県側沿線の各市町村代表や各団体などによる「倉吉線改良強化促進期成会」（これまでの倉吉線廃止反対期成同盟会を発展的解消して）を結成し、南勝線と一体となっての運動に入った。

『可部市史』に登場する可部線

広島・可部を結ぶ交通路は、明治23年広島・浜田線、広島・松江線の両県道が改修をみてから、とみに交通量が増大し、乗合馬車や乗合自動車の運行を最初に試みたのも、この区間であった。すでにのべたごとく、明治24年8月、広島・浜田間に「広浜馬車会社」の創立計画書が発表され、同26年には、広島・松江間、広島・浜田間の私設鉄道敷設計画書を作成するため、広島市をはじめ安芸・沼田・高宮・山県・高田・三次各郡の関係町村の仮測量が認可されていたが、同29年7月になると島根県の佐々田懋ほか58名が、広島から可部・上根・有田・新庄・下田・矢上・日貫を経て浜田にいたる芸石鉄道の敷設計画を出願した。また、同年にはこのほかに広浜鉄道その他が相次いで出願されている。しかし、日清戦争後の景気はながくは続かず、いずれの企画も認可を得ないうちに立ち消えになった。

(可部軽便軌道の開通)

日露戦争後の明治39年10月、資本金30万円で広島軌道株式会社(社長雨宮敬次郎)が創立され、横川・可部間の鉄道敷設を計画した。これは翌11月許可になり、建設工事に着手するが、41年には軌道敷設用地の買収、軌条、枕木など諸費の充当のため、株金払込の促進を決議するなど、資金不足が目立っている。そして、同年8月には大日本軌道株式会社の設立によって、広島軌道株式会社は吸収合併され、同社広島支社と改称して横川・可部間の鉄道建設を強力にすすめることになった。

これより本格的に工事がはじまり、翌42年11月には三篠町(横川)より古市橋間がまず開通し、ついで12月古市橋・上八木間に通じ、さらに43年7月、太田川橋をわたって中原村字中島(可部町)にいたる全線が開通した。

「安佐郡報」(明治44年)によると、この郡の交通機関の第1に「三篠町より可部町に到る軌道ありて毎40分に発車し、日に数十回の往復をなす」と、その様子を伝えているが、この路線は、旅客の輸送を主とし、貨物は水運または荷馬車その他の交通機関によっていたことがわかる。

(可部軌道経営の変遷)

こうして開通した可部軌道の経営は、その後幾多の変遷を余儀なくされた。すなわち、明治42年の開業以来9年間、大日本軌道株式会社広島支社線として営業されたのち、大正8(1919)年2月には、前年末資本金50万円で設立された可部軌道株式会社に譲渡された。

ついで、大正15年2月、可部軌道株式会社が臨時株主総会を開いて、広島電気株式会社との合併を決議し、同年5月合併を完了したため、電燈電力の供給を主たる業務とする同社の兼営事業となった。しかし昭和年代に入って、同社のうちに電燈電力供給事業と軌道運輸事業との分離運営の声が高まったため、それも長続きせず、昭和5年12月には新たに広浜鉄道株式会社が設立され、翌6年7月から、可部軌道の全施設をもって交通機関の充実ならびに旅客・貨物運輸の迅速化をはかることになった。この間、昭和3年11月には始点の三篠町と古市橋の間に電車の運転が開始され、同5年1月には三篠町・可部間の全線電化工事が完成し、全区間の電車運転にきりかわっている。その後、昭和8年4月には、国鉄山陽本線との連帯運輸が始められ、同10年12月には山陽本線横川駅と広浜鉄道三篠町駅間を結ぶ鉄道建設が完成したが、翌11年10月、横川町・可部間の鉄道が鉄道省に買収され、国鉄可部線と改称するとともに、横川電車区の設置をみた。

このころになると、後述のような太田川水運の衰退とともに、貨物輸送の意義が大きくなり、鉄道をさらに山県郡戸河内町まで延長する計画がすすめられることになった。かくして、昭和11年10月には、可部・安芸飯室間が開通したが、その後、日中戦争・太平洋戦争と戦争が続いたために、鉄道敷設工事は中止されるにいたった。延長計画がふたたび取りあげられたのは戦後で、昭和29年3月には加計町まで、同44年7月にはさらに三段峡までそれぞれ路線が延長され、芸北地域の主要生産物である木材をはじめ、多くの林産物がこの路線を利用して搬出されることになった。

大社線

路線DATA

起点：出雲市

終点：大社

開業：1912（明治45）年6月1日

全通：同上

廃止：1990（平成2）年4月1日

路線距離：7.5km

　山陰地方最初の鉄道は1902（明治35）年11月、境（現・境港）～米子～御来屋間が官設鉄道として開通し、すでに開設されていた舞鶴～境間の鉄道連絡航路に接続した。山陰本線東部は1912（明治45）年3月1日、余部鉄橋の完成により香住～浜坂間が開通し、京都～出雲今市（1957年4月1日に出雲市と改称）が全通した。大社へは大社線として同年6月に開通し、関西方面から「縁結びの神様」出雲大社への参拝客が急増した。

　神殿造りの豪壮な駅舎で知られる大社駅は1924（大正13）年に竣工した二代目で、大社線廃止後も大事に保存され、2004（平成16）年には重要文化財に指定され、2009（平成21）年には近代化産業遺産に認定された。

　大社線は出雲大社への参拝客が多く、関西方面からの優等列車の多くは大社まで運転された。1951（昭和26）年に登場した東京発の急行「出雲」も大社行で（東京～大阪間は「せと」に併結、当時は福知山線経由）、1956（昭和31）年から1961（昭和36）年10月改正までは「出雲」は大社行と浜田行を連結した。

　1968（昭和43）年には国鉄諮問委員会により廃止候補に大社線もリストアップされているが、観光客の利用はまだまだ多く、同年10月改正時点では大阪発の急行「だいせん」は昼行、夜行とも下りは大社行で、団体臨時列車も多数運転されていた。

　だが、高校生などの線内の利用客は減少し、1987（昭和62）年に第三次特定地方交通線として廃止が承認され、1990（平成2）年3月末日限りで廃止された。出雲市～出雲大社間はバス連絡になったが、一畑電鉄（現・一畑電車）川跡乗換えのルートもある。出雲大社への鉄道は松江市内（宍道湖北岸の松江しんじ湖温泉）から宍道湖北岸を経由する一畑電鉄（現・一畑電車）だけである。

出雲市の大社線切り欠きホームに停車中のキハ06形2両編成。先頭はキハ06 12。1963年当時、米子機関区にキハ06形が9両配置され、大社線、境線で運行された。
◎出雲市　1963（昭和38）年8月28日
撮影：荻原二郎

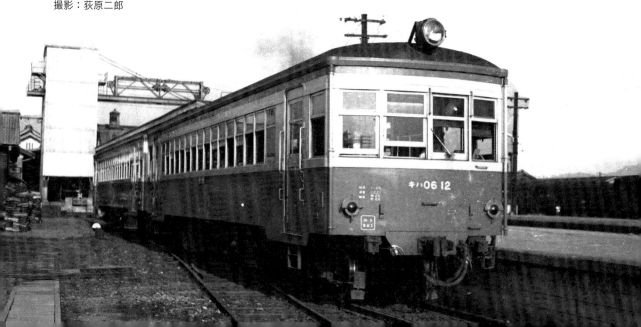

大社線で運行されていた機械式気動車キハ06形。キハ06形は戦前製造のガソリン動車キハ41000のエンジンを戦後に大型バス用のディーゼルエンジンDA55に載せ替えた車両である。◎大社　1963（昭和38）年8月28日　撮影：荻原二郎

大社線のキハ06形と側面行先表示板（横サボ）、大社－出雲市となっている。
◎1963（昭和38）年8月28日
撮影：荻原二郎

出雲大社を模したといわれる大社駅舎。駅前にはみやげ物店や食堂が並び、門前町の風情である。
◎大社　1963（昭和38）年8月28日　撮影：荻原二郎

三江線

路線DATA

起点：江津

終点：三次

開業：1930（昭和5）年4月20日（石見江津〜川戸）

全通：1975（昭和50）年8月31日

廃止：2018（平成30）年4月1日

路線距離：108.1km（江津〜三次）

三江線は芸備鉄道（1915年三次まで開通、1937年国有化）三次と山陰本線石見江津（1970年6月1日に江津と改称）を結び、山陽と山陰を結ぶ陰陽連絡鉄道として建設され、ほぼ全線が江の川に沿って敷設されている。1975（昭和50）年に開通した区間を除けば、川に忠実に沿って敷設されカーブが多く線形は良くない。元々は石見江津〜浜原間の三江北線と口羽〜三次間の三江南線に分かれていた。

三江北線は1930（昭和5）年4月、石見江津〜川戸間の開通に始まり、石見川越、石見川本、石見簗瀬と延伸され、1937（昭和12）年10月20日に浜原まで開通した。一方、三江南線は戦後の建設で1955（昭和30）年3月に式敷まで開通し、1963（昭和38）年6月に口羽まで開通した。東西両線を結ぶ工事は1966（昭和41）年に日本鉄道建設公団により着手されたが、1968（昭和43）年には国鉄諮問委員会により廃止候補の赤字83線に三江北線、三江南線がともにリストアップされている。だが、両線を結ぶ工事は続けられ、1975（昭和50）年8月31日に最後の浜原〜口羽間が開通して江津と三次が結ばれ三江線となった。

この区間はいわゆる「鉄建公団新線」で線路規格が高くすべて立体交差でカーブも少なく速度も高い。途中の宇都井は高架橋上にあり「天空の駅」として知られるようになった。だが全線開通といっても、開通時は口羽で線路はつながっておらず直通運転はできず、1978（昭和53）年3月からようやく直通運転になった。

1981（昭和56）年、国鉄再建法に基づく特定地方交通線が発表されたが三江線は「平行道路の未整備」を理由に特定地方交通線に指定されず廃止をのがれた。だが、沿線は過疎地帯で著名な観光地もなく乗客誘致は望めない。1987（昭和62）年より臨時快速「江の川」が浜田〜広島間（三江線経由）で運転開始された。JTB時刻表1988年1月号では下りが浜田8:12〜江津8:49〜三次（着）11:27〜広島13:00、上りが広島14:30〜三次16:28〜江津（着）19:10〜浜田19:40、運転日は12月27日〜31日、1月3日〜5日である。その後も帰省時期に運転されたが、需要が伸びなかったようで1994（平成6）年に廃止されている。道路の整備が進み、三江線沿線から広島へはクルマが中心になったからであろう。2006（平成18）年7月には集中豪雨で全線不通になり、全線開通は翌2007年6月である。

災害の多さと沿線人口の少なさは如何ともしがたく、2016（平成28）年9月、JR西日本は三江線の廃止を表明し、2018（平成30）4月1日に廃止された。廃線が発表されてからは、お別れ乗車の「乗り鉄」と一般の観光客が全国から押し寄せた。

三江線の始発駅石見江津。駅舎は1957年に改築され今でも現役である。1970年6月1日、江津と改称。
◎石見江津
1963（昭和38）年8月27日
撮影：荻原二郎

三江南線の終点口羽。キハ17系が停車中。1963年6月30日、式敷～口羽間が延長開業。口羽から先は路盤が完成している。
◎口羽
1963（昭和38）年8月27日
撮影：荻原二郎

三次駅0番線に停車する三江南線のキハ10形。構内の西側にあった切り欠きホームで簡素な屋根はいかにもローカル線の風情である。
◎三次
1963（昭和38）年8月27日
撮影：荻原二郎

1960年代の三次駅。三次は1930年1月に芸備鉄道の十日市駅として開設。後に国有化され備後十日市と改称、1954年12月に備後十日市から三次に改称された。1978年に駅舎は建替えられた。2018年に駅舎はリニューアルされた。
◎三次
1963（昭和38）年8月27日
撮影：荻原二郎

宇品線

路線DATA

起点：広島	
終点：宇品	
開業：1894（明治27）年8月21日	
全通：同上	
廃止：1986（昭和61）年10月1日 （旅客営業は1972年4月1日）	
路線距離：5.9km	

　宇品線は日清戦争の際、軍事輸送のために山陽鉄道によって建設され、1897（明治30）年5月に一般営業を開始した。1919（大正8）年から貨物専用線となるが、1930（昭和5）年12月から芸備鉄道が鉄道省から借り受けて旅客営業が再開され、ガソリンカーも運行された。1937（昭和12）年7月に芸備鉄道は国有化され、国鉄（鉄道省）宇品線となった。宇品は軍港で、太平洋戦争まで数多くの軍用列車が発着し、ホームは563mあり日本一長いホームといわれ、将兵はここから輸送船に乗せられ中国大陸、東南アジアへ向かった。

　戦後間もなくの広島は、原子爆弾の被害が大きかった中心部から被害の少なかった上大河付近の旧陸軍施設に広島県庁など行政機関が移転し、通勤通学者の利用が増えた時期があったが、市中心部の復興とともに利用者が減少し、宇品へは路面電車（広島電鉄）とバスが中心となった。

　1966（昭和41）年12月には特に利用の少ない上大河〜宇品間の旅客営業が廃止され、広島〜上大河間には芸備線通勤列車（C58形牽引）の間合い運用で朝夕に通勤通学専用列車が運行されたが、定期券所持者に限り乗車できた。市販の時刻表には掲載されず、広島駅に「広島〜上大河間通勤通学専用列車、定期券以外の方は乗車できません」と掲示されているだけであった。1972（昭和47）年4月1日付でこの区間の旅客営業が廃止されたが、その後も国鉄側線「宇品四者協定線」（いわゆる専用線）の扱いで東広島（現・広島貨物ターミナル）〜宇品間で貨物列車が運行されたが、1986（昭和61）年10月1日付で廃止された。

宇品線キハ04形の側面行先表示板（横サボ）。当時、広島運転所に機械式気動車キハ04形が3両配置され、宇品線で運行された。◎1964（昭和39）年7月13日　撮影：荻原二郎

広島駅と広島運転所の間を走る職員輸送の宇品線用キハ04形100番台。82系ディーゼル特急「かもめ」と併走。「かもめ」は2編成併結の14両編成で京都〜長崎、宮崎間の運転。背後に広島機関区の給炭台が見える。
◎広島運転所　1963（昭和38）年7月26日　撮影：牛島 完（RGG）

宇品線沿線の南段原、上大河付近は原子爆弾の爆風が比治山にさえぎられたため、家屋の倒壊が少なく戦後は人口が集中した。南段原で乗車する女子高校生。◎南段原　1964（昭和39）年7月13日　撮影：荻原二郎

宇品駅舎。上大河〜宇品間は1966年12月19日限りで廃止。その後は貨物輸送のみを行った。
◎宇品　1964（昭和39）年7月13日　撮影：荻原二郎

宇品駅に停車中のキハ04形。宇品のホームは軍事輸送のため563mあり日本一長いホームといわれた。宇品線は朝夕には客車列車が運転された。キハ04形は戦前製キハ41000形のガソリンエンジンを戦後ディーゼルエンジン（DMF13形）に載せかえた車両。◎宇品　1964（昭和39）年7月13日　撮影：荻原二郎

可部線（可部〜三段峡）

路線DATA

起点：横川

終点：三段峡

開業：1909（明治42）年12月19日（横川〜祇園）

全通：1969（昭和44）年7月27日

廃止：2003（平成15）年12月1日（可部〜三段峡）
（2017年3月4日　可部〜あき亀山復活）

路線距離：60.2km（横川〜三段峡）

可部線は鉄道敷設法1892（明治25）年の予定線「広島〜浜田間」に沿って民間で計画され、1896（明治29）年に広島〜加計〜浜田間の「広浜鉄道」期成同盟会により鉄道敷設の願書がだされている。最初は軌間762mmゲージの蒸気軽便鉄道として大日本軌道広島支社により1909（明治42）年12月に横川〜祇園（現在廃止）間が開業し、1911（明治44）年6月に可部まで開通した。1919（大正8）年には経営主体が可部軌道となり、1926年には広島電気中国電力の前身が可部軌道を合併し広島電気軌道とした。1930（昭和5）年1月に横川〜可部間の電化が完成し、同時に改軌され1067mmとなった。1931（昭和6）年には広浜鉄道に譲渡された。

可部から先は鉄道省によって建設されることになり、それに先立って1936（昭和11）年9月には横川〜可部間が国有化され可部線となったが、従来の小型電車がそのまま使用されポール集電であった。同年10月に可部〜安芸飯室間が延長された。なお、電化区間には1940（昭和15）年に東京から木造の「省線電車」が転入し、パンタグラフをポールに付け替えて運行された。

戦後は敗戦翌年の1946（昭和21）年8月、安芸飯室〜布間が延伸。1954（昭和29）年3月には布〜加計が開通し、その際、国鉄の営業キロが2万キロを突破し坪野〜筒賀（後の田之尻）間に記念碑が建てられた。加計から先は1965（昭和40）年に着工され1969（昭和44）年7月に加計〜三段峡間が開通した

が、三段の滝はさらに3kmほど先であった。三段峡まで開通の前年1968年、国鉄諮問委員会により廃止候補の「赤字83線」として可部〜加計間がリストアップされている。

電化区間は戦後しばらくの間は他の戦時買収線区から転入した「雑型国電」で運行されたが、1957〜59年に17m国電（クモハ11形、クモハ12形、クハ16形）に統一された。鶴見線と同様に17m国電王国といわれたが、1976（昭和51）年に20mの73系電車（クモハ73形、クハ79形、ライトグリーン塗装）に置き換えられ、1984（昭和59）年には105系500番台（常磐緩行線・地下鉄乗入れ用103系1000番台を改造した4ドア車）に置き換えられ新性能化されたが、非冷房のままであった。

加計〜三段峡間は1969年7月27日に延長開業。三段峡駅で折り返すキハ23形2両編成。駅から景勝地である三段の滝までは遊歩道で約3km。
◎三段峡　1972（昭和47）年3月14日　撮影：荻原二郎

国鉄時代は積極的な営業施策が取られなかった可部線電化区間であるが、1987（昭和62）年のJR西日本発足後は広島の通勤線区として増発、車両の改善、冷房化が積極的に行われ、1991（平成3）年3月からは全列車が広島駅発着となった。2015（平成27）年から227系が投入され、2019年に227系に統一された。

可部以北の非電化区間は閑散線区で可部以北だけの輸送密度なら国鉄再建法の特定地方交通線に該当するはずであるが、通勤線区である可部以南とあわせると該当せず廃止対象にはならなかった。しかし、可部以北は経営が好転する見込みがないためJR西日本は1998（平成10）年9月に廃止を表明し2003（平成15）年11月末日限りで廃止された。沿線には中国自動車道、広島自動車道が開通し、広島中心部へはクルマが常識になっていたからである。ただ、廃止区間のうち可部～河戸間は付近のベッドタウン化が進み、地元の運動も奏功し2017（平成29）年3月4

日から可部～あき亀山間1.6kmが延長された。あき亀山は廃止前の安芸亀山ではなく廃止前の河戸付近に設置された。

キハ23形の側面行先表示板（横サボ）。1972年3月改正時には広島－三段峡間直通列車は2往復で、休日には快速「三段峡」号が1往復運転された。
◎1972（昭和47）年3月14日　撮影：荻原二郎

加計における交換風景。キハ30形の下り列車（左）とキハ23形の上り列車（右）。写真後方が三段峡方面である。
◎加計　1972（昭和47）年３月14日　撮影：荻原二郎

美祢線（南大嶺～大嶺）

路線DATA

起点：厚狭

終点：長門市

開業：1905（明治38）年9月13日（厚狭～大嶺）

全通：1924（大正13）年3月23日

廃止：1997（平成9）年4月1日（南大嶺～大嶺）

路線距離：46.0km（厚狭～長門市）
　　　　　2.8km（南大嶺～大嶺）

　美祢線は旧海軍の要請で建設された。沿線の大嶺炭鉱が良質の無煙炭を産出することから当時の海軍が所有することになり、その積出のために廃止区間を含む厚狭～大嶺間が当時の山陽鉄道により1905（明治38）年9月13日に開業し、翌1906年12月に国有化された。さらに日本海側を目指し美禰軽便鉄道（軌間1067mm）により大嶺の手前の伊佐（1949年1月1日に南大嶺と改称）から分岐し、1916（大正5）年9月に重安まで、1920（大正9）年10月に於福まで開通し、同年に1920年に国有化された。正明市（1962年11月1日に長門市と改称）までの開通は1924（大正13）年3月23日である。大正時代に入ると海軍は大嶺炭鉱を手放し民間経営になった。

　美祢線を特徴づけたのは石灰石輸送である。美祢地区は石灰石が全国有数の埋蔵量を誇り、戦後になり宇部興産により石灰石開発が進められた。美祢から伊佐地区のセメント工場まで専用線があり、1960年代後半から70年代の最盛期には宇部興産の石灰石輸送列車が宇部港までピストン輸送された。それに伴い信号場が美祢線内に2ヶ所、宇部線内に1ヶ所設置され、山陽本線厚狭～宇部間が3線化された（1968年完成、1997年に使用停止）。1982（昭和57）年3月に美祢の工場と宇部港を直結する宇部興産専用道路（全長約32km、2両連結トレーラーで輸送、私道のため道路交通法は適用されない）が開通すると、鉄道による石灰石輸送は徐々に減り、1998（平成10）年に宇部興産の石灰石輸送は終了した。宇部興産が専用道路を建設した理由は、当時の国鉄でストライキが頻発したため、安定輸送を確保するためであった。南大嶺～大嶺間2.8kmは1971（昭和46）年の大嶺炭鉱閉山後は輸送量が激減し、1997（平成9）年3月末日限りで廃止された。

　重安の太平洋セメント工場から宇部岬のセントラル硝子専用線への石灰石列車も2009（平成21）年10月に廃止された。美祢から厚狭、小郡（現・新山口）経由で山陰本線岡見までの炭酸カルシウム、フライアッシュ輸送列車は1998年6月から運転開始され「岡見貨物」として貨物列車ファンの注目を浴びたが、豪雨災害による山口線長期不通の影響で2013（平成25）年に廃止された。その後はキハ120形が1～2両で走るだけのローカル線になっている。

C58 79（厚狭機関区）が牽引するオハ60形、ワフの南大嶺～大嶺間の混合列車。美祢線から蒸気機関車（SL）が姿を消したのは1973年2月。
◎南大嶺　1961（昭和36）年2月27日　撮影：荻原二郎

南大嶺駅舎　大嶺と似た建築である。現在は簡素な建物になっている。1905年9月の開設時は伊佐。1949年に南大嶺と改称。
◎南大嶺　1961（昭和36）年2月27日　撮影：荻原二郎

1997年に廃止された大嶺駅。背後にはボタ山がそびえ、炭鉱の採掘が活況であったことを物語る。貨物列車のほか、旅客列車の設定も比較的多かった。◎大嶺　1961（昭和36）年2月27日　撮影：荻原二郎

C58 48（厚狭機関区）が客車1両（オハ60形）とワフを牽引する混合列車。1961年時点では南大嶺〜大嶺間に12往復の客車列車（混合列車）が運転されている。◎大嶺　1961（昭和36）年2月27日　撮影：荻原二郎

『美祢市史』に登場する大嶺線

明治34年、長門無煙炭礦は大嶺炭田の無煙炭を軍艦用として、佐世保鎮守府に送ったが、その運搬として山陽鉄道に至る支線がぜひとも必要であった。そのため支線用地の調査に乗り出し、2つの路線が考えられた。1つは厚狭川をさかのぼる厚狭駅から大嶺に至る線と、いま1つは小月駅から西市を迂回して大嶺に至る線であった。厚狭－大嶺間の線路は、隧道5か所、鉄橋10か所を要する難工事が予想された。

日露戦争の開戦後、明治37（1904）年に海軍省は軍艦の燃料として長門無煙炭礦株式会社を買収し、この無煙炭を徳山の燃料廠に輸送するために、鉄道布設の必要に迫られた。このため軍は、同年4月に山陽鉄道株式会社に対して、厚狭・大嶺間19.7キロメートルに鉄道の敷設を命令した。明治37年4月、山陽鉄道株式会社の重役会で、大嶺支線の敷設を可決し、会社は250万円を増資して、費用に充てることになった。政府は建設資金に対して年利6朱の補助と竣工後の運炭額1か年に15万トン未満の場合の保証などの内命を与えた。会社は早速、大嶺村字荒川から厚狭郡厚西村字厚狭に至る鉄道敷設のために、厚西村、東厚保村、西厚保村、大嶺村、伊佐村の5か村内の立入り測量を始めた。

大嶺支線工事は海軍省において急を要したので、通常35か月かかる工事を12か月で竣工しようとするものであった。まず5月に実測を終わり、6月末日から工事に着手する予定であったが、橋梁の架設などに手間取ることが予想された。そのため土地問題の早期解決が必要であった。同年5月には四郎ケ原の隆光寺、麦川の西音寺で買収すべき関係地主の承諾を得た。鉄道敷設の敷地が各所有者の寄附などにより、設計も円満に解決して、9月1日から全線の10区をいっせいに着工した。

（工事の影響）

工事の行われた西厚保村では、人夫が多数入り込み、厚狭駅からの車馬の往来も激しく、工事の進行とともに人の出入りも多くなった。特に本郷は、継立場にすぎなかったので、宿屋は工事関係者で一杯になり、普通の旅人は宿泊さえできずに、付近の農家に泊る状況であった。なかには料理屋を開業するものも出た。そのため物価が1割余の高値となり、当時の新聞には次のように報じている。「物価の如きは総て平時より1割余の高価を唱へ、現に白米小売升別17銭、野菜の如きは、頗る不自由にて、間引大根菜1篭4.5銭を唱へつつありて、これ等新来の工夫人夫等の需用に供せんと

て、船木、厚狭辺より小売商人の入込むもの非常に多し」。そのため、厚保では野菜の栽培を行うようになった。初め方領大根、朝鮮白菜、山東菜、宮重大根などを播種した。

軍事的目的から敷設される大嶺線は、昼夜兼行の突貫工事であった。特に東厚保村坂本のトンネルは、岩盤が堅く7人の工夫による昼夜の工事もわずか1尺（約30.3センチメートル）ばかりの進行状況であった。また雨天の日が多く、出水によって工事は手間取り、6月末日までの竣工が不可能となったため、8月末日まで延期された。一方、山陽鉄道徳山駅分岐線の工事も雨天のため延引していたが、明治38（1905）年8月末日に完成した。厚狭駅から麦川までの大嶺線も同じく、明治38年8月31日に完成し、9月10日に開通式が挙行された。当時の新聞に次のとおり報じている。

「県下厚狭駅より美祢郡無煙炭所在地大嶺に達する山陽鉄道支線は、昨年開通式を挙行せり、送迎車は特別新造の列車を連結せるものにして、其の中2台は緑葉にて飾り楽隊を乗せ、各駅に着する毎に勇ましく奏楽し、線路は山間の渓流に沿ったるものなれば、両傍は見上げるばかり絶壁にして、樵径茅舎指点の中にあり、水流に横たわる巌上には、漁童の糸を垂るるあり、宛然車は画図の上を馳るが如し、軌道の両傍に参観者山の如く……」

厚狭川は屈曲が甚だしく、両岸は峻険な断崖の突き出た所も多く、トンネル7か所、鉄橋10か所で、河岸に沿って、鉄道が敷設された。トンネルは第1鬼ケ釜、第2鬼ケ釜、坂本、熊ノ倉、才ケ峠、四郎ケ原各トンネルである。厚狭・大嶺間の途中に厚保、四郎ケ原、伊佐（昭和24年に南大嶺と改称）の3駅を設け、同年9月13日から運輸営業を開始した。翌39年12月1日に同線を国が買収して、国鉄となった。大正9年には厚狭・厚保間の湯ノ峠に請願駅が設立された。明治39年2月10日に採炭所から徳山煉炭所までの無煙炭輸送は、1日8往復で開始された。さらに同年7月、伊佐駅（現南大嶺駅）は、貨物の集散が増えたため、従来のプラットホームも狭くなり、長さ27メートルに延長したほどであった。

（美祢線の開通）

明治43年9月に大津・美祢両郡の有志60名が、伊佐駅前の枕水館で、「大嶺支線延長期成同盟会」を組織して陳情委員5名を選び、請願することを決議した。県下では後藤新平逓信大臣が山口に来る機会をとらえ、（1）山口－小郡、（2）下関－萩間の海岸線、（3）

大嶺線延長、（4）津和野－防府の鉄道布設の運動に
熱が入ってきた。

　また明治45年1月に伊佐出身の岡田治衛武は、防長
を横断する防長軽便鉄道の構想を発表した。この案で
は山口、萩、防府の3町を結ぶ線で、萩から大田を通っ
て、大ケ峠を越えて山口に達し、さらに三田尻に達す
る。途中の大田、あるいは綾木から大嶺線伊佐駅（現
南大嶺駅）に通ずる支線をつくるとした。

　大嶺線延長は明治45年4月20日から実測に着手し
た。伊佐駅から分岐して、大津郡、および萩を経て山
陰線に連絡する計画であった。当時の伊佐駅は貨客も
多く、1か年の輸出入額が約2万トンで、西部鉄道管
理局管轄300駅のうち、第86位に当たる重要駅であっ
た。また伊佐駅は大津郡や阿武郡西部からの客が増え、
貨物として褐鉄鉱石を八幡製鉄所に、銅を神戸に、木
材を台湾、大連、朝鮮に輸送しており、石灰も数千トン
にもなったと当時の新聞が報じている。

　大正6（1917）年6月13日に美祢、阿武、大津郡長
は、鉄道院総裁後藤新平に大嶺支線の延長を請願した。
これは深川村、萩町を経て益田町に至り、山陰鉄道と
連絡する線路であって、この「山陽鉄道大嶺支線延長
速成ニ付請願」は、県下の3支線が布設許可がでてい
るにもかかわらず、いまだ起工が行われていないため、
既設の大嶺支線の延長を図るため、提出したもので
あった。

　当時、萩に通ずる陰陽を結ぶ幹線には、（1）山陽線
小月駅から山間を通って仙崎を経て萩へ、（2）下関駅
から海岸部を迂回し、正明市を経て萩へ、（3）小郡駅
から萩への路線があり、これらは既に布設許可の下り
た線であった。しかし起工される様子もなく、既設の
大嶺支線の延長を図る方に可能性があった。萩、益田
間の鉄道布設は、明治43年2月以来の請願によって決
定した路線である。支線の延長は山口県北部の美祢、
阿武、大津3郡の豊富な鉱物、米穀、林産、水産物など
と日本海沿岸の萩、須佐、江崎、奈古、仙崎、油谷の良
港とを結ぶことによって、産業の発展、交通の利便を
もたらすものであった。

　こうした動きのなかで、大正7年4月に美祢郡共和
村長阿武義一ほか14か村長は、「大嶺線延長鉄道別府
共和村経由請願書」を提出した。これは伊佐駅から大
津郡正明市に通ずる予定鉄道を、於福村から美祢郡別
府村、および共和村に迂回させようと希望したもので
あった。そして両村での敷設用地は、すべて安価で提
供し、駅用敷地は無償寄付をするというものであった。
大嶺線延長は共和、別府、赤郷各村が特に熱心に運動

して、技術官を招いて実地測量するなど、その結果が
良好なので、「共和期成同盟会」を結成し、早速に委
員会を開催して、上京委員を定めて美祢、大津、厚狭
各村長の連署による請願を提出した。しかし、於福村
がこの運動に反対を唱え、於福村長ほか2名は4月上
旬に鉄道院に陳情した。

　こうしたなかで大正7（1918）年6月1日から実測
に着手した。予定線は於福村を経て、大ケ峠を貫く線
路で約27キロメートルである。共和村の請願線路で
は、約6キロメートルを迂回することになる。そのう
え、花尾山脈の難路が不利であった。この迂回線は共
和村の運動による於福から嘉万方面と伊佐、岩永、秋
吉方面から共和村へ通ずる2つの線路が申請された。
伊佐村からの線路では、大田、赤郷、綾木の3か村か
らの物産のほか、伊佐、岩永、秋吉の大理石をはじめ、
別府、共和両村の石灰石、観光の秋吉の滝穴、大演習
の要地である秋吉台を考えれば、一時の経費の増加が
あるかもしれないが、迂回線敷設の必要があることを
説いた。大正7年6月18日に伊佐、岩永、秋吉、東厚保、
西厚保、真長田、大田、赤郷各村長が提出した「大嶺
線延長伊佐岩永秋吉別府共和経由請願書」によれば、
（1）石灰原石の需要が増大したため輸送が不便になっ
た。（2）伊佐駅から軽便鉄道布設の計画がある。（3）
秋吉の滝穴探勝には、伊佐駅から遠距離なので交通に
不便である。（4）大理石が産出している。当時、伊佐
は石灰製造において美祢郡内で最高の生産量を上げて
おり、石灰原石も搬出していた。

　大正7（1918）年10月に伊佐村長池田龍作は、鉄道
院に対して、伊佐市の経済的重要性を述べた。「院線
大嶺支線延長工事ノ義ニ付陳情」によれば伊佐駅停車
場（現南大嶺駅）を伊佐村字市付近に移転し、新伊佐駅
停車場を設置する。これを起点として於福村経由の正
明市（長門市）方面への妥協的な線を陳述した。

　このような状況に対して、鉄道院は大正9年6月に
美祢軽便鉄道を買収して、国有鉄道として予定線の
コースで、翌10年に美祢線重安・於福間が開通した。
大正13（1924）年3月に於福・正明市間が開通して、
その後延長を続け、昭和8年に山陰本線須佐と美祢線
宇田郷間が開通した。これによって日本海沿岸の線が
全通した。そして美祢線の一部、および小串線が山陰
本線に編入され、現在の美祢線となった。

かじやばらせん

鍛冶屋原線

路線DATA

起点：板野

終点：鍛冶屋原

開業：1923（大正12）年2月15日

全通：同上

廃止：1972（昭和47）年1月16日

路線距離：6.9km

　1923（大正12）年に阿波電気軌道によって開業（非電化）。当初の目的地は穴吹だった。阿波鉄道に改称の後、1933（昭和8）年7月に国有化され阿波線に改称。1935（昭和10）年3月、高徳本線（現・高徳線）

全通で板野〜鍛冶屋原間が鍛冶屋原線と改称。戦時中の1943（昭和18）年11月にレールを供出して休止。1947（昭和22）年7月に再開。盲腸線のため1968（昭和43）年、国鉄諮問委員会の赤字線廃止候補83線の一つにリストアップされ、さしたる反対運動もなく1972（昭和47）年1月に廃止された。

　鍛冶屋原は吉野川左岸（北側）にある物資の集散地で現在でも板野郡上板町の中心部であるが、道路の整備で徳島中心部へ直通バスが多数運行され、鉄道廃止の影響が少ないことも反対運動が盛り上がらなかった理由である。廃止直前は7往復でうち2往復が徳島まで直通し、他に土曜運転が1往復あった。廃線跡の大部分は県道鳴門池田線に転用されている。

鍛冶屋原駅舎。1923年2月15日開設。1972年1月15日限りで廃止。
◎鍛冶屋原　1960（昭和35）年7月22日　撮影：荻原二郎

鍛冶屋原の駅名標。次駅の「かんやけ」は神宅と書く。◎鍛冶屋原
1969（昭和44）年4月1日　撮影：荻原俊夫

鍛冶屋原駅の広い構内。機関車の給水塔が見える。
◎鍛冶屋原　1969（昭和44）年4月1日　撮影：荻原俊夫

鍛冶屋原線に投入されたロングシートのキハ30形。1969年時点では徳島気動車区にキハ30が3両配置されている。
◎鍛冶屋原　1969（昭和44）年4月1日　撮影：荻原俊夫

小松島線

路線DATA

起点：中田

終点：小松島

開業：1913（大正2）年4月20日

全通：1940（昭和15）年3月15日

廃止：1985（昭和60）年3月14日

路線距離：1.9km

　小松島は天然の良港で大阪、神戸と結ぶ汽船が発着する四国東部の玄関口で、大鳴門橋、明石海峡大橋がなかった時代は重要な地位を占めていた。徳島〜小松島間は1913（大正2）年4月、阿波国共同汽船が建設し、当時の鉄道院が借り受けて小松島軽便線として開通。1917（大正6）年9月に国有化された。1940（昭和15）年3月に汽船との乗換えの便を図るため小松島から東側に約300m延伸し、小松島港臨時乗降場を設置。小松島港から大阪、神戸、和歌山方面への汽船への乗り換えが便利になった。

　1961（昭和36）年4月、徳島〜中田間が牟岐線に編入され、小松島線は中田〜小松島間となった。小松島〜小松島港臨時乗降場間は小松島駅の構内扱いで、営業キロは設定されていなかった。1962（昭和37）年4月、小松島港〜高知間（徳島、阿波池田経由）にディーゼル準急「阿佐」2往復が運転開始された。これは南海電鉄と系列の南海汽船が車両購入のため国鉄の利用債を負担することで実現した。大阪難波〜高知間が和歌山港〜小松島港間の南海汽船（後の南海フェリー）乗り継ぎで約7時間30分で結ばれ、準急「鷲羽」と宇高連絡船の乗り継ぎより30分程度速く「南海四国ライン」としてPRされた。後年の「湘南新宿ライン」を先取りしたネーミングである。

　小松島線は日本一短い線でフェリー乗り継ぎ客などの利用があったが、1981（昭和56）年に「第一次特定地方交通線」に指定され1985年（昭和60）年3月に廃止された。

キハ55先頭の急行よしの川。キハ55には踏切事故対策としてバンパーが取り付けられた。画面後方右側に南海フェリーが見える。画面左側には「阪神へ阿波ライン」の広告塔が見える。小松島から神戸、大阪への航路もあった。
◎小松島港
1969（昭和44）年4月1日
撮影：荻原俊夫

開業時の面影を残す小松島駅本屋と小松島港方面へのホーム。駅本屋との間に客車留置線がある。駅本屋側にもホームがあり、小松島を始発終着とする列車が発着した。
◎小松島
1960（昭和35）年10月28日
撮影：荻原二郎

小松島港臨時乗降場。小松島駅構内の扱いだった。南海汽船小松島〜和歌山航路のほか、関西汽船、共同汽船の阪神航路（神戸、大阪行）も発着するため「阪神行のりば」の看板もある。春の就職、進学シーズンで人の移動が多く駅は混雑している。
◎小松島港
1969（昭和44）年4月1日
撮影：荻原俊夫

牟岐線中田で分岐して小松島線に入る、DE10 24（高松運転所）牽引の「さよなら小松島線」お別れ列車。1985年3月9日から13日まで徳島〜小松島港間で運転され、客車はオハフ33形−スハフ43形−オハ35形−オハ41形−スハフ42形の5両編成で2両目には元特急用スハフ43形、4両目にはロングシートの通勤用客車オハ41形が入っている。
◎中田〜小松島
1985（昭和60）年8月13日
撮影：小川金治（RGG）

『上板町史』に登場する鍛冶屋原線

（阿波電気軌道の創設）

　撫養地方（現鳴門市）の産業・文化・交通の発達振興を図り、併せて鳴門観潮客の便宜のため、麻植郡川島町の後藤田千一（後藤田銀行頭取）ほか６人の発起人により、大正元（1912）年11月１日、資本金40万円で阿波電気軌道株式会社が創立された。

　当初は電気軌道の予定であったが、徳島水力電気会社の電力不足のため蒸気機関車に変更し、大正３（1914）年着工、同５年７月１日撫養－古川間13.9キロが完成して開業した。吉野川の架橋費の工面がつかず、吉野川北岸から徳島市内までは、中原駅（現徳島市応神町）から連絡船（大麻丸）で吉野川を横断し、南岸堤防の水門を潜って新町川に入り、仁心橋、新町橋に至る水路をとった。

　大正12（1923）年２月15日、阿波軌道の支線、池谷－鍛冶屋原間13.1キロが開業した。このとき鍛冶屋原線創設には一般からの投資の募集があり、当地方からもかなりの投資者があったと聞くが詳細は不明である。上板地方の人たちにとって、徳島と撫養は一躍して近くなった。

　とはいえこの汽車、開業当初は馬力が弱く、旧正月に大麻詣りの客が大勢乗ると、犬伏あたりの上り坂で動かなくなって、男の客は降りて汽車の後押しをしたという笑い話が残っている。平時でも上り坂になるとスピードはのろのろで、当時こんな唄が流行した。

　「急ぎゃ自転車、いそがにゃ歩け、なおも急がにゃ汽車に乗れ」

　とにかく、川の下をトンネルで潜るという一風変った鉄道であった。

　当時、この阿波軌道の撫養－新町橋間の運行回数は１日７往復で、所要時間は１時間30分、運賃は53銭であった。このころの米１升（1.5キロ）の値段は33銭であった。昭和58年の現在、鳴門－徳島間の国鉄運賃は大人１人240円で、米１升（100米、小売価格）は585円である。

　大正15（1926）年４月、阿波電気軌道株式会社は社名を「阿波鉄道」と改称した。

　昭和８（1933）年７月１日、阿波鉄道は国有鉄道に買収され、「国有鉄道・阿波線」と改称された。池ノ谷－鍛冶屋原間は国鉄阿波線・鍛冶屋原支線となり、列車をはじめ各駅は整備されて面目を一新した。

　昭和10（1935）年３月20日、国鉄高徳線（高松－板西－徳島間74キロ）が開通した。

　吉野川には延長951メートルの鉄橋が架設され、列車は一気に吉野川を横断して徳島駅に直通するようになり、中原駅、古川駅は廃止され、吉野川の名物巡航船も姿を消した。

　板西－鍛冶屋原間6.9キロは、高徳線の支線「鍛冶屋原線」となった。

　上板から徳島、撫養、高松への連絡が非常に便利に確保された。

（鍛冶屋原線廃線）

　昭和18（1943）年、第２次大戦の激化とともに、国内の金属資材の不足はいよいよ深刻となり、一般家庭の金属類の回収、さらに寺の釣鐘や各所の銅像までが回収されて軍需用にまわされた。鍛冶屋原線は戦時物資動員計画により、軍需用鉄鋼資材としてそのレールの供出を命ぜられ、18年10月31日廃線が決定され、営業を停止することになった。

　この廃線には地元民の強い反対があったが、時局はまさに国家の危急存亡のとき、１発でも多くの弾丸を、１門でも多く大砲を戦場へ送るためには、敢えて犠牲は払わなければならなかった。人々は祖国の必勝を信じ、万難に耐え、涙を呑んで国の方針に従ったのである。

　鍛冶屋原線の廃止にともない国鉄当局は地元民との約束によって、鉄道に代わるバス輸送を開始することになった。

　昭和18年11月１日、国鉄鍛冶屋原自動車区が設置され、鍛冶屋原－板西間7.0キロに「省営バス」（国鉄バス）が運行されることになった。しかし列車に比べてバスの輸送力ははるかに小さい。殺到する群衆の数はバスの定員の何倍にも達し、各停留所には多くの積み残しを余儀なくされた。

　国民は、ただ戦争に勝つために、私生活を犠牲にし言語に絶する艱難困苦にも耐えたが、ついに日本に勝利の日は訪れなかった。昭和20（1945）年８月15日、日本は国力のすべてを消耗し、戦い疲れて敗戦の日を迎えることになった。

（鍛冶屋原線復活への努力）

　大戦の戦火がおさまると、焼野ヶ原の国土には一刻も早く経済復興への手がかりが必要であった。自家用車は勿論まだ普及しておらず、自転車さえタイヤ、チューブが手に入らない終戦直後のことである、徳島へのパイプラインとして、鍛冶屋原線の復活は何よりも急がれた。昭和20（1945）年10月16日、地元関係12ヵ町村長は会合し、鍛冶屋原線復活期成同盟会

を結成（会長、大山村長多田繁一就任）、徳島県知事岡田包義、県選出代議士三木武夫の協力を得て、鉄道院および国鉄当局に対して強力な復活運動を展開することになった。

昭和22（1947）年、地元をあげての強い要望と、関係者一同の必死の努力が報いられ、広島鉄道局からレールの分譲を受けることに成功し、鍛冶屋原線復旧の見通しがようやくつき始めたころ、今度は、北海道からの枕木の輸送が、当時の交通事情では不可能という事態に当面した。またまた関係者一同東奔西走したが解決の方策はなく、結局地元でこれを調達負担する以外道はなかった。戦時中の山林乱伐は、思わぬ所で痛手をあらわし、数千本に及ぶ枕木の調達は容易な問題ではなかった。

（鍛冶屋原線復活）

終戦直後の混乱と物資不足と、諸事繁忙の社会情勢の中で、地元民の強力な団結に支えられて、関係者の鍛冶屋原線復旧への執念は、ついに晴れのその日を迎えることになった。

昭和22（1947）年7月15日、廃線以来3年10ヵ月ぶりに、鍛冶屋原線復活の汽笛が高らかに阿讃の山波に響き渡った。

（車時代の到来、鍛冶屋原線の廃止）

昭和30年代、一般家庭に自家用車が次第に普及し、40年代に入ると急激な増加を示して、通勤に、レジャーに、広く利用されるようになった。加えてバス路線の拡大、タクシー業界の発達、オートバイ、カブの普及によって、鉄道利用者は減少の一路を辿るようになった。主要道路が逐次改良整備され、交通の主役は、すでに鉄道輸送から道路輸送に移ってしまった。

国鉄の調査によると、昭和40年の鍛冶屋原線利用者は、各駅合計1日平均3898人、約4000人に近い数であったが、昭和46年2月現在では1日およそ1400人に減少、しかもこのうち88%が通勤・通学の定期客であり、営業係数は488、つまり旅客と貨物の輸送により100円の収益をあげるためには、488円の経費を必要とする状態になった。

そのため次第に列車の運行回数を減じ、昭和40（1965）年には鍛冶屋原－板野間16往復であったものが、45（1970）年には半分の8往復となり、途中の小駅は無人化するなど合理化につとめたが、この赤字経営はどうすることもできなかった。こうした赤字解消の手段はかえって利用者の国鉄離れに拍車をかける結

果となって、悪循環の結果は愈々どうにもならない破目にまで追い込まれてしまった。

昭和45（1970）年5月10日、国鉄四国総局は近く鍛冶屋原線を廃止すると発表した。

その廃止計画内容は次のようなものであった。

1、鍛冶屋原線（鍛冶屋原－板野間6.9キロ）を廃止する。
2、そのため同線の用地を県に移管し、県道鳴門・池田線の一部とし、2車線の舗装道路にする。
3、輸送の使命を徳島バスに期待する。
4、定期利用者には一定期間鉄道運賃の差額を補償する。

鍛冶屋原線は大正12（1923）年以来、地元民の生活と産業をささえ、地域住民の「足」として親しまれてきたものだけに、当然地域をあげて廃止反対の運動がもち上ってきた。そしてまず、国鉄鍛冶屋原線廃止反対期成同盟会が結成された。

昭和47（1972）年1月15日、鍛冶屋原線（板野－鍛冶屋原間6.9キロ）はついに廃止された。1兆2000億円を超える国鉄の累積赤字を解消するため、政府は昭和47年度から5ヵ年計画で、83路線、延長3400キロのローカル赤字路線を廃止する方針をとった。そして延長6.9キロの鍛冶屋原線は、廃止路線としてまっ先に白羽の矢が立てられた。その廃止の理由は「赤字が嵩んでいる」ことと、「将来性がない」ということであった。沿線住民の廃止反対を押し切って、国鉄は廃止を強行した。その功罪はこれから先の長い歴史が証明することであろう。

開設以来半世紀、地域の産業・文化の発展に貢献し、通勤に通学に、地域住民の重要な足となって、親しみ馴染まれてきた鍛冶屋原線は、地元の猛烈な廃止反対の声にも拘らず、移り行く時代の流れにはついに抗しきれず、1月15日を最後として、惜しまれながらその姿を消した。思えば戦時中、出征兵士を送り帰還将兵を迎え、ついには自分自身まで戦争の渦中に巻き込まれ、そのレールを剥ぎ取られる運命におかれた。まことに激動の時代を、人々の哀歓を乗せて、人々と共に歩んできた鉄道といえよう。

「さよなら」列車の淋しい警笛は、沿線に見送る人々の涙をさそった。

廃駅となった鍛冶屋原駅のプラットホームには、国鉄四国総局長より地元民にあてた挨拶の白い立札が、冷たい北風に吹かれていた。

内子線（五郎〜新谷）

路線DATA

起点：五郎

終点：内子

開業：1920（大正9）年5月1日（若宮連絡所〜内子）

全通：1935（昭和10）年10月6日

廃止：1986（昭和61）年3月3日（五郎〜新谷間）

路線距離：10.3km（現在は内子〜新谷5.3km）

　愛媛鉄道は軌間762mmの軽便鉄道として1918（大正7）年2月14日、大洲（現・伊予大洲）〜長浜町（現・伊予長浜）間が開通した。1920（大正9）年5月1日には、若宮連絡所（現・伊予若宮信号場）〜内子間が同じく軌間762mmで開通した。この時点では讃岐線（現・予讃線）は高松から伊予土居まで開通していただけで、松山にも達していなかった。

　1933（昭和8）年10月1日には愛媛鉄道は国有化され、愛媛線長浜町〜大洲間、内子〜大洲間となり、同時に大洲は伊予大洲、長浜町は伊予長浜と改称された。1935（昭和10）年10月6日には分岐点を五郎に変更し、五郎〜新谷間に新線を敷設し五郎〜内子間を1067mmに改軌して内子線と改称した。同日付で伊予長浜〜伊予大洲間も1067mmに改軌され、予讃本線（1933年8月1日予讃線から改称）に編入され同日に下灘〜伊予長浜間が延伸されて高松から松山を経て伊予大洲までつながった。

　予讃本線は伊予灘沿いの災害多発地帯を避け、向井原〜内子間「内山線」が日本鉄道建設公団により着工された。内子以西は内子線と結び、向井原〜伊予大洲間を内子経由で短絡するルートで1980（昭和55）年の国鉄再建法により地方開発線、地方幹線（いわゆるAB線）の建設が凍結された際にも、災害多発路線の代替のため凍結対象から除外され建設が継続された。

　内子線は1968（昭和43）年に国鉄諮問委員会による廃止対象「赤字線83線」にリストアップされ、1981（昭和56）年に発表された国鉄再建法による「第一次特定地方交通線」にも該当する輸送量であったが、向井原〜伊予大洲間短絡ルートの一部になっていたため廃止対象から除外された。

　内子線は向井原〜伊予大洲間短絡ルートの建設に際し、内子〜五十崎間は線形が悪いため新線に切り換えられ、内子、五十崎両駅は高架化された。五十崎より西は従来の路盤を利用したが軌道が強化され、伊予大洲方の予讃本線との合流点には伊予若宮信号場を新設して、これまで伊予大洲方面へは五郎で方向が変わる線形から直進する線形に改められた。

　国鉄時代末期の1986（昭和61）年3月3日、向井原〜内子間の新線が予讃本線として開通し、特急・急行列車はすべて新線経由となった。内子〜新谷間は内子線のままで地方交通線扱いで、運賃計算に際し「擬制キロ」が適用されるため、運賃計算が複雑になっている。新谷〜伊予大洲間は新線区間があり予讃本線となった。

予讃本線と内子線の分岐駅五郎。手前2線が予讃本線で奥のホームに内子線が停まる。
◎五郎　1978（昭和53）年12月　撮影：山田 亮

写真左側が内子線内子行、右側がキハ52形先頭の予讃本線松山方面への列車。
◎五郎　1978（昭和53）年12月　撮影：山田 亮

旧内子駅に停車する2両編成の気動車。早朝のため霧がでている。◎内子　1978（昭和53）年12月　撮影：山田 亮

旧内子駅に停車するキハ20形2両編成。
◎内子　1960（昭和35）年3月8日
撮影：荻原二郎

内子の旧駅舎。1920年5月1日開設。内子駅は1986年3月3日、向井原〜内子間新線開通時に南西部に移転し高架駅となっ
たと同時に予讃本線の速達化が実現した。◎内子　1969（昭和44）年4月6日　撮影：荻原俊夫

若桜線（現・若桜鉄道 若桜線）

路線DATA

起点：郡家

終点：若桜

開業：1930（昭和5）年1月20日（郡家〜隼）

全通：1930（昭和5）年12月1日

廃止：1987（昭和62）年10月14日若桜鉄道に転換

路線距離：19.2km

　若桜線は鉄道敷設法別表の「鳥取県郡家より若桜を経て兵庫県八鹿に至る鉄道」の一環として建設され、因美線（当時は因美北線）郡家から分岐し1930（昭和5）年12月に若桜まで全線が開通した。若桜から先は氷ノ山（ひょうのせん、スキー場で有名）に阻まれ着工されなかった。若桜線全線開通時には因美線も全線開通前で因美北線であり、1932（昭和7）年7月1日、智頭〜美作河井間が開通して全通し因美線となった。若桜線沿線は山に囲まれた田園地帯で「若桜谷」とも呼ばれ、終点若桜は古い町並が残り宿場町の面影が残る。貨物輸送があった頃は木材および二十世紀ナシ、葉タバコなどの農産物が輸送された。

　1968（昭和43）年の国鉄諮問委員会による赤字線83線にも倉吉線とともにリストアップされ、1970〜80年代は旅客輸送の中心は高校生であった。1981（昭和56）年に「第一次特定地方交通線」に指定された。沿線では「乗って残そう」と猛烈な運動が起こり、1982（昭和57）年には平均乗車密度が2000人を超え、廃止対策の協議会は中断した。第一次、第二次の廃止が進み「第三次特定地方交通線」が選定されるとその基準に及ばず、廃止は不可避となり、1986（昭和61）年10月に鳥取県と沿線5市町はバス転換ではなく、第三セクター鉄道への転換を決定した。

　1987（昭和62）年4月のJR西日本発足を経て、

1987年10月14日付でJR若桜線は廃止され、同日付で若桜鉄道に移管された。その後も沿線人口の減少は続き経営難が続いた。2009（平成21）年4月には国土交通省の認定を受け、公有民営（上下分離）の新体制になり、施設、用地を地元自治体に譲渡し、第三種鉄道事業者として施設、用地を保有し、若桜鉄道は第二種鉄道事業者として車両を保有し、運行と営業を行うことになった。近年ではC12形SLの実験走行、若桜駅などを鉄道遺産として保存、隼（はやぶさ）駅がバイクライダーの「聖地」になるなど新たな取り組みが注目されている。

若桜駅で折り返すキハ07形とキハ20形を併結した若桜線列車。先頭のキハ07形は200番台で液体変速機付きのためキハ20と総括制御可能である。
◎若桜　1963（昭和38）年8月26日　撮影：荻原二郎

国鉄時代の若桜駅。学校帰り
の女子高校生が下車。駅舎に
は駅名表示がない。若桜駅は
現在でもそのままの姿で2008
年に登録有形文化財に指定さ
れた。
◎若桜
1980（昭和55）年7月
撮影：山田 亮

岩日線（現・錦川鉄道 錦川清流線）

路線DATA

起点：川西

終点：錦町

開業：1960（昭和35）年11月1日（川西〜河山）

全通：1963（昭和38）年10月1日

廃止：1987（昭和62）年7月25日錦川鉄道に転換

路線距離：32.7km（川西〜森ヶ原信号場は岩徳線と共用）

岩日線キハ20形の側面行先表示板（横サボ）。
◎1964（昭和39）年7月13日　撮影：荻原二郎

　岩日線は岩国と山口線の日原（にちはら）を結ぶ線として計画され、両方の頭文字を取って岩日線とした。1922（大正11）年に鉄道敷設法別表に「山口県岩国より島根県日原に至る鉄道」が追加されたが、建設が始まったのは戦後である。1953（昭和28）年に着工され1960（昭和35）年11月1日に河山まで開通した。河山には日本鉱業のタングステン鉱があり、その貨物輸送のためである。錦町までの開通は1963（昭和38）年10月1日である。錦町から先は1964年に日原までが建設線となり、翌1965年から錦町〜六日市（島根県）間が「岩日北線」として着工されたが、1981（昭和56）年、路盤工事は完成したものの工事は凍結された。

　岩日線は岩徳線川西〜柱野間の森ヶ原信号場で分岐する。川西〜森ヶ原信号場間1.9kmはJR岩徳線との二重戸籍区間である。それから先は錦川に沿って錦町に至るが集落の大部分は対岸にある。岩日線を有名にしたのは次の御庄（みしょう）で山陽新幹線と交差し1975（昭和50）年3月に新岩国駅が開設されたことである。御庄駅と新岩国駅の間には連絡通路が設けられたが、国鉄は接続駅と認定せず、当時のJTB時刻表にもそのような表示はない。「乗換駅とすると岩日線を廃止しづらくなるからではないか」といわれた。なお、1987（昭和62）年錦川鉄道転換後、JTB時刻表には「御庄駅は新岩国駅から300m（徒歩10分）」との注意書きが記載されるようになった。（御庄は2013年3月16日に清流新岩国と改称）

　岩日線は開通当初から赤字で、有力政治家を輩出する山口県だけに「政治路線」の陰口が付きまとった。1968（昭和43）年の国鉄諮問委員会「赤字83線」にもリストアップされた。貨物列車は1971（昭和46）年の河山鉱山の閉山に伴い廃止され、1970〜80年代はご多聞に漏れず高校生輸送が中心になっ

た。1981（昭和56）年、国鉄再建法による「第二次
特定地方交通線」（1983〜85年度末までに廃止予定）
に指定された。それに対し、沿線では「乗って残そう」
反対運動が展開された。地元の鉄道への執着は強く、
1986（昭和61）年11月に第三セクター化が決まり、

翌1987年7月25日付でJR岩日線は廃止され、同日付
で錦川鉄道錦川清流線となった。2002（平成14）年
から、錦町から岩日北線路盤を活用し6km先の温泉
に向かうトーイングトラクターがトロッコ型客車を
牽引する「とことこトレイン」が運行されている。

川西駅の駅名標。1960年4月16日に開設。
錦帯橋の最寄り駅だが鉄道利用者は少ない。
岩徳線柱野方の森ヶ原信号場で岩日線を分岐
した。
◎川西　1964（昭和39）年7月13日
撮影：荻原二郎

1960年11月1日、岩日線は河山まで開
通。鉱山があったため貨物輸送が行われ
構内が広い。駅舎はコンクリートの簡易
な造りで戦後に建設された新線に共通し
ている。
◎河山　1964（昭和39）年7月13日
撮影：荻原二郎

錦町で折り返すキハ20形の２両編成。1963年10月１日の開通時、ホームは一面一線。右下に国鉄バスが見える。
◎錦町　1964（昭和39）年７月13日　撮影：荻原二郎

岩日線の終点錦町駅の駅名標。◎錦町　1968（昭和43）年3月　撮影：山田 整

終点錦町に到着するキハ30形－キハ20形－キハ20形の3両編成。1968年当時、岩国機関区にはロングシートのキハ30形が2両配置されていた。
◎柳瀬～錦町　1968（昭和43）年3月
撮影：山田 整

中村線（現・土佐くろしお鉄道 中村線）

路線DATA

起点：窪川

終点：中村

開業：1963（昭和38）12月18日（窪川〜土佐佐賀）

全通：1970（昭和45）年10月1日

廃止：1988（昭和63）年4月1日土佐くろしお鉄道に転換

路線距離：43.0km

　高知県西部は陸の孤島といわれ鉄道の建設は地元の悲願で、国鉄は戦後かなり早い時期に土讃線の延長工事に着手し、窪川までは1951（昭和26）年11月に開通した。

　1957（昭和32）年以降、国鉄は四国循環線の建設を決定し、窪川〜中村間（および窪川〜江川崎間、後免〜牟岐間）が着工された。当時は道路も整備されておらず、鉄道建設が地域の開発に必要と考えられていたからである。土佐佐賀までは1963（昭和38）年12月に開通し、1970（昭和45）年10月1日、中村まで開通した。

　一方、宿毛線（中村〜宿毛間）は1974（昭和49）年に着工されたが1981（昭和56）年に工事が凍結され

ていた。高知県では宿毛線を同じ県内の阿佐線（後免〜奈半利間）とともに第三セクター鉄道として引き受ける意向を早くから示し、1986（昭和61）年5月にこの両線を第三セクター鉄道として運営する土佐くろしお鉄道が発足した。中村線はその直前の3月、第三次特定地方交通線（1日あたりの輸送密度4000人未満）に指定されることが国鉄から伝えられ、このままでは廃止は避けられない情勢となったため、同年11月、土佐くろしお鉄道は宿毛線、阿佐線（愛称はごめん・なはり線）に加えて中村線も引き受けることが決まった。特急、急行の走る地方幹線の第三セクター化は異例だった。

　JR四国発足1年後の1988（昭和63）年4月1日、中村線は廃止され、同日付で土佐くろしお鉄道中村線となった。特急、急行はJR時代と同様、土讃線と直通し（急行は土佐くろしお線内普通列車）、普通列車は線内折返しになった。若井−川奥信号場間はJR予土線との二重戸籍区間で、この信号場で予土線を分岐したのち、ループ線で一周して勾配を下り土佐佐賀方面へ向かう。中村〜宿毛間（23.6km）は土佐くろしお鉄道宿毛線として1997（平成9）年10月に開業した。

窪川を発車するキハ58系の上り急行「あしずり」。2両目がキハ65、3両目がキロ28。画面右側が仁井田（高知）方である。列車名は高知県土佐清水市にある足摺岬から採られている。◎窪川　撮影日不詳　撮影：山田虎雄

土佐佐賀駅は1963年12月18日、窪川～土佐佐賀開通時に開設。コンクリート造りの戦後新線らしい駅舎である。幡多郡佐賀町（2006年、合併で黒潮町となる）にあり、太平洋に面しカツオ一本釣りで知られる漁港がある。中村まで開通するまで土佐佐賀から中村、土佐清水、足摺岬へバスが運行されたが足摺岬まで約4時間を要した。
◎土佐佐賀　1964（昭和39）年2月21日　撮影：荻原二郎

1970年10月1日に開通した中村線の終点中村駅。陸の孤島といわれた高知県南西部への鉄道の開通に地元は歓喜した。三角屋根の駅舎は当時、国民宿舎などによく見られた建築である。中村駅は常磐線（福島県）にあったが1961年3月20日に相馬と改称している。◎中村　1984（昭和59）年11月10日　撮影：荻原二郎

宇高航路

路線DATA

起点：宇野

終点：高松

開業：1910（明治43）年6月12日

廃止：1991（平成3）年3月16日
　　　（1990年4月1日運行休止）

営業距離：18.0km（実キロは21.0km）

　山陽鉄道は1906（明治39）年12月に国有化され、子会社の山陽汽船が岡山〜高松間、尾道〜多度津間に運航していた連絡航路も国有化された。1910（明治43）年6月12日、宇野線岡山〜高松間開通と同時に宇野〜高松間の航路が開設され、これが宇高連絡船（宇高航路）の始まりで、それまでの岡山〜高松間、尾道〜多度津間航路が廃止された。高松からの鉄道はこの時点では高松〜多度津〜琴平間に開通していただけで、四国各地へは大阪、神戸からの航路で直接結ばれていた。四国内各地が鉄道で結ばれるようになるのは昭和に入ってからで高松から松山へは1927（昭和2）年、徳島、高知へは1935（昭和10）年にようやく開通し、この頃から宇高連絡船が四国への中心的な交通機関になった。

　戦後の1955（昭和30）年5月11日、宇高連絡船紫雲丸が第三宇高丸と衝突して沈没し、犠牲者168名の大惨事となった。犠牲者には修学旅行の小学生も含まれ、その悲惨さが際立った。（紫雲丸は引き揚げられ、瀬戸丸と改称）

　1960年代に入り宇高国道フェリーなどが旅客就航し、国鉄連絡船の強力なライバルになった。宇高連絡船は戦後まもなく建造された船が老朽化したため、1966年から67年にかけて伊予丸、土佐丸、阿波丸が就航し、1974（昭和49）年には讃岐丸（二代目）が就航し、宇高連絡船の近代化が完了した。

　1972（昭和47）年3月、山陽新幹線が岡山まで開通すると宇高連絡船の乗客はさらに増え、所要時間短縮の要望も強くなった。同年11月、ホーバークラフト「かもめ」が三井造船からのリースで宇野〜高松間に就航し、従来の所要1時間を23分に短縮し「海の新幹線」と呼ばれた。1980（昭和55）年にはホーバークラフトは「とびうお」に交代した。1985（昭和60）年12月から高速艇「しおかぜ」が多客期およびホーバークラフト検査時に臨時便として運行された。

　1970年代後半から四国への交通はカーフェリーや飛行機に徐々に転移し、国鉄運賃大幅値上げの影響もあり宇高連絡船は四国への中心的交通機関ではなくなった。1988（昭和63）年4月10日、道路、鉄道併用橋である瀬戸大橋が開通し、その前日4月9日限りで宇高連絡船およびホーバークラフトは廃止された。高速艇（所要29分）は瀬戸大橋開通後も運行されたが1990（平成2）年3月31日限りで運航休止になった。（廃止は1991年3月16日）

宇野に入港する宇高連絡船。右側の船は土佐丸。左側には讃岐丸（初代、1961年4月就航、1974年まで運航）が停泊。接続する153系（先頭はクハ165形）の急行「鷲羽」が停車している。宇野は連絡船への通路が短く短時間で乗換えができた。宇野での列車と連絡船の位置関係がわかる貴重な写真である。
◎宇野　1970（昭和45）年8月22日
撮影：荒川好夫（RGG）

高松桟橋に停泊する宇高ホーバークラフト「かもめ」1972年11月から就航し、1980年に「とびうお」に交代した。背後に関西汽船のビルが見える。◎高松　1974（昭和49）年8月　撮影：山田 亮

高松桟橋に入港する伊予丸。車両甲板入口の上にグリーン船室の展望窓が並ぶ。車両甲板には本州から航送される荷物車が載っている。◎1978（昭和53）年12月　撮影：山田 亮

宇高連絡船の遊歩甲板後部に
あった「さぬきうどん」のス
タンド。人気があり、多くの人
がうどんをすすった。
◎1974(昭和49)年8月
撮影：山田 亮

宇高連絡船讃岐丸のグリーン
船室。リクライニングシート
で前面窓が大きく展望室に
なっている。
◎1974(昭和49)年8月
撮影：山田 亮

宇高連絡船讃岐丸の普通船室。
特急普通車と同じレベルの座
席が並ぶ。
◎1974(昭和49)年8月
撮影：山田 亮

仁堀航路

路線DATA

起点：仁方

終点：堀江

開業：1946（昭和21）年5月1日

廃止：1982（昭和57）年7月1日
　　　（営業最終日は1982年6月30日）

営業距離：70.0km（実キロは38.0km）

　仁堀連絡船（仁堀航路）は敗戦直後の1946（昭和21）年5月1日、敗戦直後の旅客の増大に対処するため、宇高連絡船の補助航路として開設された。開設時は1日2往復で所要2時間40分。関門航路から転属した長水（ちょうすい）丸が就航した。2往復時代は長く、JTB時刻表1961（昭和36）年10月号でも2往復、所要2時間25分、就航船五十鈴丸（1、2等）と掲載されている。1965（昭和40）年10月の全国ダイヤ改正時から3往復になり、JTB時刻表1965年11月号では3往復、所要2時間10分、就航船安芸丸、定員471名、1等あり、トラック1台と記載されている。その後は3往復体制が続き、JTB時刻表1972（昭和47）年10月号では3往復、所要2時間05分、就航船安芸丸、定員196名、中型自動車8台と記載されている。1965（昭和40）年11月と比べると、同じ安芸丸だが1等がなくなり、自動車搭載台数が増えたことになる。ほぼ平行する呉松山フェリー（阿賀港－堀江港、所要2時間）に対抗するためであろう。JTB時刻表1975（昭和50）年3月号では3往復、所要1時間40分、就航船瀬戸丸、定員200名、中型自動車24台となっている。瀬戸丸（宇高航路の瀬戸丸とは別）は1974（昭和49）年に建造され、1975年に就航しスピードアップされた。

　1980（昭和55）年10月から仁堀航路は2往復となった。廃止は1982（昭和57）年7月1日で最終運航は6月30日であるが、東北新幹線大宮～盛岡間開業時の時刻を掲載したJTB時刻表1982年7月号では仁堀航路は堂々と掲載され2往復、所要1時間40分、就航船瀬戸丸となっている。「6月30日まで運航」の注意書きはどこを探してもない。国鉄本社サイドでは仁堀航路の廃止などまったく関心がなかったのだろう。仁堀連絡船はほとんど注目されることなく36年間の歴史を閉じた。瀬戸丸（宇高航路の瀬戸丸とは異なる）は他に転用されることなく1983（昭和58）年に売却された。

安芸丸側面の行先表示板。
◎1974（昭和49）年8月　撮影：山田 進

堀江桟橋の国鉄フェリー乗り場。ここから予讃本線堀江駅まで徒歩10分ほど。
◎堀江
1974（昭和49）年8月
撮影：山田 進

仁方桟橋で出港を待つ仁堀航路の安芸丸。前部操舵室の下に普通船室（イス席）がある。
◎仁方　1974（昭和49）年8月　撮影：山田 進

安芸丸の船内、乗客は20人ほどでほとんどが地元の人。普通船室はイス席で最前部にあるが、元1等船室と思われる。階下にタタミ敷きの桟敷席もあった。◎1974（昭和49）年8月　撮影：山田 進

仁堀航路の五十鈴丸。1948年、旧海軍の魚雷運搬船を改造し大島航路に就航。1951年、仁堀航路に転属。1964年、宮島航路に転属し翌1965年に終航となった。五十鈴丸の写真は珍しい。◎仁方　1963（昭和38）年３月２日　撮影：荻原二郎

四国側の堀江桟橋に着いた安芸丸。トラックを運んでいる。◎1974（昭和49）年８月　撮影：山田 進

安芸丸上部甲板からの瀬戸内海の眺め。
◎1974（昭和49）年8月　撮影：山田 進

本州方の呉仁方桟橋。民間フェリーと共用している。◎仁方　1974（昭和49）年8月　撮影：山田 進

堀江駅の仁堀航路のりかえ表示板。仁方駅が広島市から離れているうえ、堀江駅から港まで徒歩で約12分かかり立地が敬遠されたこともあり、乗船客は少なかった。
◎堀江
1963（昭和38）年3月2日
撮影：荻原二郎

仁堀航路の四国側堀江桟橋。予讃本線堀江駅から徒歩10分とJTB時刻表に記載されていたが、駅に道順を示した案内板があり、迷うことはなかった。松山行バスが接続していた。◎堀江　1963（昭和38）年3月2日　撮影：荻原二郎

1974年、仁堀連絡船乗船記

1974（昭和49）年夏、毎日新聞社から刊行されていた「毎日グラフ」編集部からの依頼で筆者は当時高校生だった弟（山田進）とともに同じ駅を二度通らない「一筆書き」最長片道の旅に挑戦することになった。当時は仁堀航路と宇高航路があり四国を経由することができた。「毎日グラフ1974年12月5日増刊、日本の鉄道新幹線」に掲載された「ながーいきっぷの日本一周」からその部分を記すが、当日（8月30日）は未明に福塩線上下の駅前旅館を出発し、三次～広島～三原～仁方と乗り14時30分発の仁堀連絡船安芸丸に乗船した。

「かつて湘南電車と呼ばれた80系電車で瀬戸内海に沿って呉線を仁方へ。仁堀連絡船安芸丸のカラーテレビで三菱重工爆破事件を知る。乗客はわずか20人ほど。いよいよ僕たちにとってはじめての四国上陸だ」

呉線仁方駅から炎天下を桟橋まで歩く。やや離れているが徒歩数分で民間フェリーと共用の桟橋に着く。「切符は船内でお求めください」との掲示もある。安芸丸は小ぶりな船で国鉄の連絡船らしくない。船内はすいていてほとんどが地元の人で、旅行者風の人は我々以外には見当たらず、TVのあるイス席のほか畳敷きの部屋もある。船内に冷房はなかったと記憶するが売店があり、いなりずし、菓子パン、飲み物、雑誌を売っている。甲板へでて汐風に吹かれ、航跡を眺める。出港後30分ほどで四国の山々がうっすらと見えてくる。本州側の野呂山が遠ざかり、四国の山がだんだんと濃くなる。瀬戸内海の島影は途切れることがない。船内のTVでは臨時ニュースが流れ、東京大手町で起きた三菱重工ビル爆破事件を伝えている。「あの島は何島？」などど考えているうちにアッという間に2時間が経ち堀江へ。真夏の爽快な船旅で乗り換えの続く「一筆書き」旅行では絶好の休息タイムだった。この安芸丸（234トン、1974年時点）は1961（昭和36）年に大島丸（初代）として建造され大島航路に就航、1964（昭和39）年に仁堀航路に転属し翌年に安芸丸（初代）と改称された。1975（昭和50）年、瀬戸丸の仁堀航路就航に伴い大島航路に戻り、翌1976年の大島航路廃止で引退し1977年に売却された。

堀江桟橋から国鉄堀江駅までは昔からの家並みが続き、やや距離があるが道が広くすぐに分かった。古い木造駅舎だったが無人駅だったのは意外で、DF50牽引の八幡浜行普通列車で松山へ向かい、松山から急行に乗り換えてその日は宇和島に泊った。仁堀連絡船があったおかげで「一筆書き」最長片道切符旅行も四国へ立ち寄ることができたが、廃止後はそれができなくなり「一筆書き」の旅も魅力が薄れた。（山田　亮）

堀江駅に到着するDF50形牽引の伊予西条発八幡浜行普通列車。左側には上り貨物列車が停車中。1984年に駅舎は解体され、貨車を改造した待合室を設置。
◎堀江
1974（昭和49）年8月
撮影：山田 亮

大島航路

路線DATA

起点：大畠

終点：小松港

開業：1946（昭和21）年4月25日

廃止：1976（昭和51）年7月5日

営業距離：3.0km（実キロは2.8km）

　山陽本線大畠と対岸の周防大島（屋代島）を結び、山口県営航路として1921（大正10）年7月28日に開設された。開設から昭和初期までは無料だったという。敗戦直後、財政難や燃料入手難から県では対応できなくなり、国鉄（当時は運輸省鉄道総局）が運航することになり、1946（昭和21）年4月25日、国鉄大島航路として開業した。1954（昭和29）年7月に

は自動車の航送を開始した。

　1961（昭和36）年10月時点では玉川丸（旧海軍の魚雷運搬船を改造）が就航している。1968（昭和43）年10月時点では大島丸（2代目、元みやじま丸、1954年建造）と周防丸（1964年建造）が就航。大島丸は1970（昭和45）年3月から3代目が就航し、1975（昭和50）年には安芸丸（初代、1961年建造、初代大島丸）が仁堀航路から転属し、周防丸を置き換えた。1976年7月の廃止まで大島丸（3代目）と安芸丸（初代）で運航された。大島丸（3代目）は廃止後、宮島航路に転属し、安芸丸（2代目）となった。

　大畠と周防大島の間の大畠瀬戸を横断する大島大橋は1976（昭和51）年7月4日に開通し、同日限りで大島連絡船は廃止された。1996（平成8）年6月より大島大橋は無料開放となった。

山陽本線大畠の連絡船桟橋、大島ゆき国鉄
フェリー乗り場の看板あり。3月13日から
3月26日まで大島丸ドッグ入りのため代船
として安芸丸が就航するとの掲示がある。
◎大畠　1975（昭和50）年3月
撮影：山田 亮

大島航路に就航する大島丸。大島丸は3代目で
1970年3月から大島航路に就航した。背後は周
防大島（屋代島）で対岸の大畠との間に大島大橋
が建設中。
◎大畠　1975（昭和50）年3月　撮影：山田 亮

大島航路の周防丸。1964年7月に就航し、1975年まで運航された。大島丸とともに大島航路で運航されたが小型(89トン、定員100名、自動車6台)で補助的な役割であった。◎小松港　1970(昭和45)年4月9日　撮影：小泉 喬(RGG)

小松港での大島丸からの自動車下船風景。軽自動車もあり、地域に根差した生活路線であることがわかる。
◎小松港　1970(昭和45)年4月9日　撮影：小泉 喬(RGG)